연어,
꿈을 연주하다

이형근 시집

문학공원 시선 249

연어, 꿈을 연주하다

이형근 시집

출렁거리는 물살에 웅숭그리듯 앉아
바다를 삼키며 떠나가야 할 두려움을 삭히며
기도제목을 빈 파도에 적어 보낸다
처얼썩, 나를 고치소서 내가 변하나이다

문학공원

자서

시작始作해서 시작詩作의 무대로 나아가기까지

몇 해 동안 카카오스토리 등 SNS에 시와 글을 올리다 보니 내용도 수준도 평범하고 상당 부족한 면이 드러납니다.

모든 걸 뜯어고쳐야 할 듯합니다. 마침 정년퇴직도 해서 남는 게 시간이며 무료함입니다.

무언가를 찾아야 하고 달리 무언가를 해야 할 수밖에 없던 시기입니다. 뜻밖에 얼굴도 모르는 카친으로부터 연락이 옵니다. 글 쓰는 걸 좋아하면 같이 공부해 보는 거 어떠냐고….

그때 만난 곳이 고려대 미래교육원 시창작과정입니다. 시를 어떻게 써야 하는지 무엇을 써야 하는지 효과적인 시창작법은 어떤 것인지를 공부하면서 문우들의 도움과 격려를 받으면서 나름 시를 써 봅니다. 보이는 대로 느끼는 대로 무작정 많이 쓰고자 했습니다.

그렇게 시를 쓰다 보니 시인이 된 듯하고 실제 등단도 하고, 차곡차곡 써온 시의 편 수도 늘어갑니다. 그렇지만 루틴하고 허접한 삶의 궤적처럼 덕지덕지 때가 끼었습니다.

내놓기가 겁이 납니다. 그러다 어느 순간…, 내가

그동안 무엇을 하고 있었나 싶어집니다.

“이게 시일까?” “정말 시를 쓸 수 있을까?” “시가 나에게 무엇일까?”란 의구심이 들면서 겉돌기만 하고 있습니다. 들여다보면 아프기만 합니다. 아프면 이겨내야 하는데 용기가 없습니다. 뒤돌아 챙겨야 할 게 많아 자신이 없습니다.

그러다 그냥 쉬면서 한참을 놓아 버렸습니다. 지금 절실한 시점에 와서 보니 그때 써 놓았던, 마음에 와 닿지 않은 ‘시답지 않은 시조차 왜 이리 소중할까?’ 싶어 하나씩 찾아내 정리해 봅니다.

카페에 블로그에 페북에 밴드에 올라가 있던 못난 시를 찾아냅니다. 이 글들 중 몇몇 편을 추려봅니다.

짙어가는 노년의 숨소리를 듣는다
풍치 좋은 널찍한 정자 밑에서

2024년 봄

이 형 근

차례

제1부
데면데면한 25시

제2부

천국 콘서트

차
례

제3부

꽃의 묵시록

제4부

5월의 고백

차
례

제1부

데면데면한 25시

천일염

오뉴월 뙤약볕에 시꺼멓게 그슬린 팔뚝
그 불끈 힘줄 돋아나면
소금 장인은 반평생 일구어낸 소금 삯 밭에 함수 들여 소금꽃을 피운다
바람이 다녀가면 송홧가루 십여 리 날아 칠면초 수수밭을 덮는다
물길이 돈다 하늘이 돈다
삐비꽃 한들한들 물결 일렁이면
해수길 따라 담아낸 은회색 갯벌 닮고 닮아
장판에 토판에 하얀 안개꽃으로 피어난다

하늘이 내려준 작은 보물
낮은 곳 더 낮은 곳으로 임하여도
태초에 하나님이 천지를 창조하실 때
우주의 신비를 네 안에 두었다
태중의 아기를 보담은 양수의 농도를 가리듯이
빛으로
바람으로
정성으로
하얀 소금꽃 너를 키웠다

숯

몸이 다시 산다는 것은 얼마나 나를 죽여야 하는 것인지
따가운 햇살 아래에서 천둥 번개 지나
한겨울까지 몇 번이나 죽기를 반복했던가
켜켜이 쌓여진 주검들이 세월의 인고에 시달려 마른 뼈가 되어
끝없는 죄를 지고서 차곡차곡 불 화덕에 몸을 던진다
활활 불꽃에 몸을 태우는 건
나를 죽이고 세상 죄를 화장하는 것
죄를 사하여 주심에 뚝뚝 회개의 눈물을 흘린다
새로움을 입었지만 또다시 허물어지는 염려를 한다
갈라지기도 하고 부서지는 걱정도 한다
재로 근심을 덮고 흙으로 두려움을 안수한다
순수의 바람이 들어가 영롱하고 순결한 결정체를 만든다
무채색의 숨결 위에 빨갛고 파란 영혼이 피워난다
이제 새 생명을 주심에 감사하여 기꺼이 희생제물이 되었다
화로를 사른 향이 은은하고 희미하게 퍼져간다
먹물 한 방울 톡 떨어진 산수화가 화선지 위에 멋드러지게 그려진다

장인匠人

발가벗은 채 안락의자에 앉는다
제대로 닦아내지 않은 물기가 귓가를 타고 간지럽게 흘러내린다
흰 보자기가 펄럭이며 눈을 가리는가 싶더니 이내 목을 두르고 벌거벗은 몸을 가린다
눈과 거울에 비친 눈이 마주한다
살짝 웃어주며 머리를 맡긴다

신동아 사우나에는 반투명 유리로 칸막이를 친 두 평 반 남짓 이용원이 있다
이용원 김만복 사장은 올해 칠순이다
그의 별명은 영화 '가위손'이 나오기 전부터 이미 가위손이다
시골 이발관에서 머리를 감기는 일부터 시작했고
스무 살에 이용자격 고시에 붙어 기능올림픽에서 메달을 땄다
몇 해 전부터 칠십 되면 손을 놓겠다더니
이제는 오 년만 더하고 은퇴해 눈 감을 때까지 봉사활동을 하겠단다
고수만이 가지는 장인정신의 완성이다
그는 성형외과 전문의다

노련하게 수술 부위를 정확하게 집어낸다

그의 가위손은 얼굴 형태에 맞추어 머리모양을 만들어 낸다

이발기로 더벅머리 머리 길을 닦아놓고 가위로 솎아내고 다듬어

소갈머리를 포장하고 면도기로 깔끔히 주변머리를 정리한다

대머리라 할지라도 그의 자세가 너무나 정확하고 단순해서 어떤 요구도 필요치 않다

그의 손이 미치면 고민의 곱슬머리는 풀어지고 흰머리는 검정머리 되어 젊어진다

그런 그에게는 경제에 대해 큰 바람이 없다

그에게는 정치에 대해 어떤 충동도 없다

그에게는 사회적 강자에 대해 어떤 미련도 없다

그에게는 폭력에 대한 어떤 시사도 의미가 없다

지금에 만족하고 작은 것에 감사한다

사랑방에서 오가는 모든 것을 접수하는 그에게서 삶의 자유를 본다

울산바위

미시령 굽이굽이 옛길 따라서 내려오면 금강 가다 설악에서 빠져 하늘을 이고 십리 병풍 울타리를 휘감은 울산바위가 보인다 먼발치에서 바라만 보았지 오르지 못했던 산이다

신흥사 일주문 돌아 청동 통일대불을 마주한다 백팔 배 지성에 부처님 미간 백호 광채를 발한다 세심천에 중생의 속된 삶을 훌훌 털어 씻어낸다 돌길 둘레길 따라 놀멍 쉬멍하며 찬찬히 걸어본다 하얀 고광나무꽃 향이 달큰하다 바람 타고 불어오는 솔 향에 발걸음이 가볍다 내원암을 지나니 길이 고달파진다 숨을 들이 쉬고 올려다보니 바위동굴 계조암은 '신통제일나한석굴' 현판을 지고 있다 암자 밑 널찍한 반석 위에 흔들바위는 여전히 씨름하고 있다 흔들거려도 절대 떨어지지 않아 수학여행 동무들과 밀었던 흔적이 그대로다 하안거에 들어간 이정표는 가부좌를 틀고 수행중이다

방향을 따라 위를 쳐다보니 웅장한 바위산이 손끝에 있다 한걸음에 내달으면 다다를 수 있는 착각에 빠진다 거침없는 숨소리에 땀이 뚝뚝 떨어진다 돌계단

나무계단이 길잡이를 한다 한 계단 한 계단이 놓여 팔백 계단을 쌓는다 정상까지 10분이 10시간보다 길고 5분이 50분 걸리는 묘한 등정이다 바람결이 지나가면 바위가 운다 난간을 부여잡고 안전을 위해 기도한다 구름 걷히니 발아래 송림이 천상이다 계단 난간을 등지고 사진에 곰바위 새바위 고깔봉 울산암을 담아낸다 외길 계단이 끝난다 두 손 짚고 올라서니 정상이다 나란히 서 있는 전망대는 비좁고 단출하다 소나무가 바위 틈새를 비집고 우뚝 서 있다 풍상에 뼈만 남은 괴목에 걸려있는 태극기가 무한 감동이다 정상에 서니 설악이 한눈에 들어온다 대청 중청 천불동계곡 화채능선을 아우르고 동해바다가 하늘과 닿았다

구불구불 미시령 고개를 넘어간다 울울창창한 소나무 숲 위로 우뚝 솟은 울산바위가 오월 햇살에 반사되어 캔버스에 덧칠한다 정든 휴게소에는 아카시아 향기가 담겨있다

더치커피

나의 커피는 달콤한 초콜릿 입술 라떼 아트입니다
갓 구워낸 은밀한 미소는 머그에 감미로운 아로마를 새겨 넣습니다
얼마 전까지만 해도 드립커피에 빠져있었죠
이제, 밤하늘에 불꽃이 쏟아지고 다문화축제가 시작됩니다
나의 레시피는 라크리마, 눈물입니다
검게 그을린 아프리카 예가체프는 깔끔하면서 부드러운 풍모를 드러냅니다
스모키한 매력의 인디오 파카마라는 엘살바도르에서 왔습니다
중후한 분위기의 바디감은 인도네시아 만델링을 따를 수 없습니다
라크리마는 아메리카노, 라떼와도 잘 어울리죠
가끔은 에스프레소로도 변신해요
자꾸 흐려지는 기억 속에는 쉽고 가벼움만 있었습니다
슬퍼할 기력조차 없어 앉은뱅이 세월을 보듬고 어두운 길로 나갑니다
뜨거움을 거부하는 건 순전히 나의 의지였기에
차디찬 목마름을 기억하며 익숙지 못한 인습을 벗

어던지던 아픔

한 방울 한 방울 떨어지는 눈물로 기다립니다.

밤미다 저린 그리움이 사무쳐 살며시 목을 조릅니다

지난 봄 핸드드립에 빠졌던 기억은 성숙이었죠

하여 차가운 흔들림에 심장 한쪽을 떼어내는 쓰라림을 겪었습니다

숨겨둔 비밀이 있었나요

깊은 동굴을 따라 흘러내리는 주옥 구슬은 숙성된 와인입니다

황제 '블루마운틴'은 아주 천천히 그리고 조금씩 맛을 음미하며

똑똑 눈물을 떨굽니다 절대자 네로처럼

벽

그로테스크한 벽 사이로 조각햇살이 들어오면 뒤엉켜
빛과 그림자를 끌어온다
벽이 하루를 마감하고 눕는다
벽의 바닥에는 가난과 허영이 추하게 널부러져 있다
바닥이 마주하는 벽은 천정
벽은 바닥에 서 있고 바닥은 하늘을 받치고 있다
거울의 반영이 벽 속에 갇힌 환영을 비튼다
내일을 찾으려 오늘의 길을 쫓아 무작정 나서는 이에게는
벽은 그저 막다른 벽일 뿐
오늘은 한낱 어제의 뒷덜미를 잡아당긴다
벽은 오랫동안 혼자였다
담장이 벽을 넘는다
바람을 불러온 능소화도 벽을 넘는다
까마득한 시간이 붙박이 벽안으로 걸어 들어가고 있다
벽에 기대어 멈춰 쉬고 싶어진다 그래서
벽은 오히려 휴식이 된다
바닥과 한 덩어리로 묶어지면 나는 너에게
너는 나에게 말한다 만나자고
벌거벗은 그림이 내걸렸다

'숨는' 혹은 '가려진' 존재가 추가된다
예측할 수 없는 삶이 벽을 지나 벽에서 나온다
벽은 또 다른 벽이 되어진다
틈새 없이 촘촘한 벽들 사이에서 벽돌 하나가 빠진다
벽은 급히 혹은 천천히 허물어진다
벽은 조금씩 장場으로 나온다

서두르지도 편하하지도 않는 벽없는, 광장 한복판
서로의 이야기를 듣는다

노숙

어느 빈 가을
공원 벤치 위로 널브러진 고단한 흔적을 만난다
발목이 묶인 의자는 끼니를 잊은 채 정오를 넘기고 있다
비릿한 숨소리가 문턱을 지나온 따가운 햇살 사이로 할딱거린다
기억의 맨발이 돌아올 때쯤
깔깔한 입안의 골판지는 흐릿해져가는 입맛을 삼켜 버리고
캑캑, 강기침에 심장에서 올라오는 누런 타액을 분비한다
꼬깃해 모가지가 부러진 꽁초를 집어 몸을 사른다
적막이 누운 자리에 또 다른 적막이 찾아들면
천당과 지옥을 오가는 빈 박동이 허공으로 떠돌아다닌다
진흙땅 같은 절망이 손을 뻗으면
잃어버린 지난밤은 깨지지 않을 영원을 꿈꾸며 모로 눕는다
술 마시고 보는 인생살이에
'장수'를 기대했었나 '대박'을 소망했나
소리 없이 취한 초록 막걸리병이 굳은 채 고꾸라져

있다
아무렇지 않게 세상이 푸르렀다가 아무렇지 않게 세월이 붉어진다

이제 힘없는 가을이 벤치 위에 수북이 쌓이면
햇살은 노숙의 흔적을 집어 들고
무거운 발걸음을 끌면서 빈 시간의 능선을 넘어가겠지

남구로역 인력시장

24시 엘이디간판이 인디밴드가 되어 새벽을 두드린다
구석구석 차려입은 누더기는 점점이 박힌 흉터처럼
남구로역 교차로를 따라 삶의 능선을 도리질한다
어둠을 삭이는 희멀건 빛이 물구나무를 선 채 회칠한 벽을 따라 곤한 춤사위를 벌리면
차디찬 공기는 폐부를 찌르고 움츠린 바람 풍선들이 옹기종기 모여든다

펄럭이는 시선이 스펙을 따져 묻는다
소금에 절여진 검은 불안이 정수리를 타고 힘들게 붙잡고 있다
순간, 경험과 숙련된 기술이란 잃어버린 말을 찾아 포장한다
미묘한 흔들림이 교차하며 손가락의 작은 신호에
내 번호가 귓바퀴를 타고 메아리 되어 울린다
주춤거리던 출입문이 따라나서고 휴 하는 한숨의 땟국물이 눈 자국을 찌른다
허기를 메워 준 휴식 없는 입술이 지금은 만사 오케이라며 마냥 좋아 중얼거린다

사그락사그락 시각을 밟는다

오늘따라 급해진 추위를 달래면서 서성댄다
잃어버린 것들을 담아내려는 안타까움이 어슷하게 자리하면
한바탕의 리허설이 끝난 자리에 탈진한 배낭이 어깨 한켠을 짓누른다
시간의 창 너머로 뱉어낸 누런 가래가 휑한 아스팔트를 멍들인다

지나가는 바람처럼 그저 그렇게 살려고 기억의 단식을 놓은 지 오래였건만
서로 다른 시간에 맞추어진 톱니바퀴처럼 뒤를 돌아보면
채워지지 않은 또 다른 바람풍선은
막걸리 한 잔에 허탈한 사연을 찾아서 허공을 가른다

황태기黃太記

마침내 울렁거리는 생을 마감하고
바다를 걸어 나와 처음 맞닥뜨린 차디찬 낯섦 속으로 빠져든다
모든 걸 내려놓기로

밤하늘 달물 고인 산속은 언제나 자애로워
나 같은 미물도 허락하신다

이제, 사순절 기간만큼 만이라도

날 선 바람에 온갖 시련을 맞는다 해도
절정 없는 눈발에 고난을 겪는다 해도
과감히 금식기도를 단행하기로 결심한다

치맛귀를 여미고 웅크린 채 열흘을 넘긴다
허기진 건 참을 수 있는데 목마름은 참을 수 없다
용서하소서! 고드름으로 간신히 목을 축이고

보름째, 정신이 혼미해져 오는데도
육신은 가풀막진한 길을 뛸 듯 가벼워지고
영은 얼다 녹다를 반복하며 속절없는 공중부양을

시도한다

잠시 나갔다가 다시 들어와 눕는다
한낮인데도 긴 잠을 잤다

스무 날 째, 웅숭그린 함박눈이 질척거리자
어째 몸에서 냄새가 나는 것 같다
배가 등짝에 달라붙었다 고비를 넘길 수 있을까

스물아홉 날, 누워만 있어도 시간이 잘 간다
언제 죽어도 죽을 몸이었는데 잘 죽을 수 있을 것 같다

맑고 청량한 봄바람이 온몸을 감싸니 힘이 난다
은혜일까 사랑일까 삼십오일 째

꽃샘추위에 보드란 노란 속살이 돋아나고
깡마른 자태에서 윤기마저 흐른다

사십일, 구부러진 등 뒤로 십자가를 진 듯
햇살을 받아 퍼지는 윤슬이 반짝인다

소리가 깊다
저 너머 흔들리는 영혼이 다시 깨어난 듯

〈

나는 구원을 얻었고 진정한 환골탈퇴가 이루어졌다

횡계 덕장에서

시래기

어둠이 낳은 새벽
나는 이슬로 시침질한 홑청을 두르고
안개로 박음질한 이불을 덮는다
시간이 맹점인 줄 안 게 그리 먼 일이 아니듯
겨우내 묵혀 새롭게 저며온 아픔이
나에게만 있었는지 알지 못했다
끈질긴 삶을 거꾸로 매달아 놓은 지 오래였건만
곰삭은 사연은 떨쳐내질 못했다
공허한 바람 속에 회의와 분노를
휘파람으로 날려 보낼 여유가 이제야 생길 줄이야
허니문의 기억이 망각의 시소를 탈 때쯤이면
서리에 경성드뭇이 기어낸 내 몸뚱이가 데쳐 녹아
진다
찬바람이 불 때면
누군가는 배고프다고 누군가는 향수였다고
바싹 말라버린 나를 찾아 또다시 불러 세운다

홈리스의 홈

아무 데도 아닌 곳에서 아무 데도 아닌 곳으로
한 바퀴 헹궈낸 침묵의 언어로 귀청을 감는 소리

먼 바깥이 모퉁이를 돌아 천천히 기어 오면
꿈속인지 잠결인지 토막 난 기억이 어슷하게 눕는다

사랑과 아쉬움과 그리움이 섞인 누군가가 걸어와
어깨 한쪽에 기대면 누굴까 잊어버린 이름이 물끄러미 바라본다
혹 당신이 온지도 모르잖아

문득
기러기 떼가 날아드는 저 하늘에는 집이 있을까
낙엽 뒹구는 공원 벤치는 집일까 침대일까
아침이면 햇빛에 증발하는 홈리스는 꿈결에 집을 짓고 또 잠이 든다

보고 싶어 울고 잊고 싶어 울고
기다림이 없는 일상에 지쳐서 울어도
숨바꼭질하듯 서로를 모른 척한다

버려진 우산으로 비를 가리고
쓰레기통으로 벽을 만들고
골판지를 둘러 바람을 막고서
낮은 지붕 위로 세상이 기울었다고 손을 휘젓지

번지 없는 주막, 봄날은 간다, 대전 블루스, 두만강,
돌아와요 부산항에

홍인지 넋두린지
진녹색 소주병에 걸친 숟가락 장단에
질곡의 고단함을 지워버린다

울어라 보고 싶으면 실컷 울어라
죽고 싶어도 죽을 수 없는 삶 어찌할까

역사상 거지가 가장 오래된 직업이라고
노숙도 주거의 하나일 뿐이라며 기지개를 켜고
오늘도 신문지 아랫목 위로 다리를 뻗는다

감

감이 익어가는 가을은 달콤하다

꿈결이 쏟아내는 긴 햇살을 담은 고향집
뒤란이 붉게 물든다
한 줌 호흡이 가시기도 전에
환한 웃음이 주렁주렁 매달린 먹감나무에는
풋단감이 익어간다
검버섯 돋아난 둥치 밑가지 사이로
지난한 세월에 긁힌 연흔이 깊이 파고들면
곱게 그려진 먹물 무늬도 선명하다

고향집에 간다 고샅 담장 너머로 주홍빛이 감돈다 아버지는 장대 끝을 벌려 꼭지에 대고

비튼다 뚝하고 먼 산 그림자 떨어지면 호롱불 밑에서 껍질을 벗는다 가을볕이 뽀송하다

싸릿대에 꿰어서 문설주에 주렁주렁 매달린다 달빛 사이로 하얀 서리가 밤새 달린다

계절의 회한이 몰려올 때 뽀얗게 화장하면 조금씩 말랑하고 쫀득한 곶감 되어진다

떨떠름한 피부를 짚불 핀 꽃불 항아리에 찜질한다 온몸이 흥건히 땀에 젖는다

견고한 결이 물렁해지며 홍시 되어진다 달큰함이 혀끝에서 녹아내린다

그믐날 장지문이 열린다
아랫목에 말랑한 곶감과 달달한 연홍시가 소반에 들려온다
헛기침이 밖에서 새어 들어온다
새벽녘 까치밥 챙기려 나오신 어깨가 유난히 굽어 있다
언제부턴가 장대는 닿지 않는다

몽고반점의 성분

나의 멍자국은
태어나 처음 만나
응애응애 소리 지를 때 얻은 주어입니다

옹아리 적에는 누구라도 찾아주기 바라며
안아주고 사랑한 동사로 빛을 발했으며

유년기까지 약하디약한 무늬는
여리게 아주 여리게 조금씩 퍼져나간 형용사입니다

까르르까르르 웃는 아기에게
까만 밤 하얀 별은 조사며

울어도 울어도 사라지지 않는
푸른 점은 영원한 접미사입니다

엷어지고 엷어지는
이 특별한 자국은 어떻게 생긴걸까요

머나먼 우주 미지의 항성에서
고운 생명체로 온 부사였습니다

우리는 우리가 알고 있던 파생어처럼
태어나기 전부터 모두 같은 백성 같은 민족 아닐까요

모르는 사람들은 접두사로
홍콩 북경 산동과 같이 불러보지만

기억나지 않는 이름을 기억하지 않는 접속부사처럼
모두는 나의 먼 태생을 기억 못합니다

세월이 흘러 어른이 되면 읊어져
흔적조차 찾아볼 수 없는 보조어간이 되기에

노량진 패러디

아침 햇살을 하얗게 쏟아내는 출근길
오직 길이 공무원 시험 합격인 수험생들은 이른 허기를 채우려
공시충의 낙원인 컵밥 노점 앞에서 기다리고
도심 속의 바다라는 수산시장은
전통과 현대가 고래고래 소릴 지르며 질펀한몸싸움을 시작하며
버스와 전철의 환승 구역에서 토해내는 회사원들은
바쁜 몸놀림으로 몇 초 만에 성난 교차로를 벗어나야 하는 곳
노량진은 바야흐로 처절한 전쟁터이다

아프다 상처가 깊다 대못 박는 소리가 들린다
머리가 터질듯하고 가슴이 찢어지고 그리고 다리가 휘청거린다
사선을 넘어 걸어 들어가는 길목에는 도달할 수 없을지도 모른다는 생각이 멀찍이 돌아나온
그넷줄처럼 노량진 역사(驛舍)와 수산시장을 잇는 육교가 있다 그곳에는 저 너머에서
들려지는 가쁜 숨소리가 들리지 않는다 그저 비무장 지대처럼 평온하다

〈

제 몸 하나 가누기 힘든 파라솔 밑으로 조그만 좌판이 펼쳐있다
살은 고사리 5,000원 더덕 5,000원 도라지 5,000원
구부정한 손놀림은 쉬지 않고 껍질을 벗겨내다
가끔 지나가는 사람에게 눈짓으로 말한다
사지 않아도 좋으니 관심만이라도 가져달라고
향수 깃든 냄새에 아몬드 껍질처럼 단단한 마음이 흔들거린다

날선 햇살이 붉던 어느 오후
달아오른 육교 난간에 걸쳐있는 파라솔이
좌판과 한몸이 된 채 비스듬히 누웠다
무심한 눈빛들은 그저 그렇게 스쳐간다

* 살은 고사리는 삶은 고사리를 잘못 표기한 것으로 보임

데면데면한 25시

기억 속 회상의 언어가 어둠 속으로 사위어질 때
후미진 길 모퉁이를 돌아 온 세월이
한 통의 편지가 되어 밀봉된 안부를 전한다

사라진 새벽이 깨진 창문 틈새로 비집고
들어오면 찢어진 웃음이 나를
쳐다보네 아득한 침묵의 한쪽은
자유였고 달콤한 미소의 또 다른 한쪽은
고집이었어 나는 My way 잡지마라
꿈을 꾸지마 맞지 않는 옷에 몸을 맞추는 것처럼
깨진 얼음 속으로 빨려들어가는 것처럼
돌려받은 것은 I like you, but I don't love you anymore!
몸을 씻고 치장하고 멋지게 더 멋지게 다가서지만
아는지 모르는지 당분간 보지 않기로 하자
조율되지 않는 협주

사랑

중오

이별

평범의 힘을 알고 있지 추억의 액자에서 벗어나고 싶어 작고 소박한 꿈이 진정한
아름다움으로 피어 향기로운 꽃이 되길 바래 이곳에서 너를 보고 싶어 햇빛 속에서도
얼룩은 남게 마련이지 그래서 나는 창문을 열고 사라진 이성은 자정에 지워진 심장은
정오에 만나기로 했어

알 수 없는 것들에서 알 수 있는 것을 찾아낸다*

실패에 꼬인 실매듭이 풀리기 전까지
우린 찾지 못한 답을 찾을 수 있을까
실패에서 실패로 거듭되는 하나의 끈을
나를 경계로 찢어내면
움직이는 모든 것들이 백지
빛을 잃어버린 등대처럼 상실의 시간이
어둡고 차갑다
때론 짧은 웃음으로 다가서는 유머

밀려오는 추억의 잔상들이 한꺼번에 번져오면
지친 몸뚱이가 쉬고 있다
아침이면 증발되는 별자리처럼
어느 곳 어디에서도 찾지 못했어도
하루를 채워 넣는 시간의 빈 공간은 있겠지

언제나 씁쓸하겠지 허탈하겠지
나는 알 수 있는 것들에서 알 수 없는 것을 찾아낸다

* 휴먼네트워크 공담론 13번째 주제의 표제어

벽시계

서슬이 시퍼런 초침
분을 삭이지 못해 끼니조차 잊은 채
초초히 자정을 넘어가고 있다
잃어버린 밤
문턱을 넘어온 비릿한 달빛 사이로
들려오는 거친 숨소리
엇갈리는 뼈마디의 비명
나이를 먹지 않은 맥박은 심장 속으로 폭풍처럼 숨어든다
정체된 말로 못다 한 시간을 거꾸로 매달아 놓은건지
적막이 누운 자리에는
천당과 지옥을 오가는 나의 외침뿐
빈맥의 음악만이 방바닥에 길게 깔려있다
가속이 붙은 생을 횡단하던 나의 분신은
먼 기억으로 시선을 돌리고 우두커니 입을 오므리고 있다
그러면 나는
하얀 침묵이 흐르는 밤의 정취에 빠져든다

인사동 풍경

안국역 6번 출구
인사동으로 향하는 가로수에는
쏟아지는 옛것들이 차곡차곡 쟁겨진다
차라리 모르고 지나칠 수 있었다면
고달픈 비밀을 바람개비에
날려 보내지 않았을 것을

쌈지길에서 만난 전통
닮은 듯 닮지 않은 짝퉁을 닮은꼴로 받아들고선
'사랑한다'고 말해야지
그래야 '문화인'이지
일그러진 어둠이 지친 계단에 촘촘히 박히면
감가상각된 전통은 애초부터
움직이지 않았던 그림자일 뿐

날지 못하는 나비 한 마리
붉은 강물 위에 알을 낳는다
질경대는 기억이 꿈이었나
벌어진 세월의 틈새에 그리움만 빼곡히 쌓아둔
더그레는 허우적대던 육전 거리 전시장을 갈도한다

골목골목 헤집다 보면 겹쳐지는 찻집 밥집
사이사이 둘러 지리산 삼신봉에서 저녁을 먹고
귀천에서 차를 마신다
또 만났다
하늘로 통하는 길목에서도 행복했던 그를

풀 먹인 바짓가랑이 사이로
유월의 최루 바람이 스쳐 지나간다

반구대 관람기

희끄무레한 안개가 소리 없이 헤엄치는 반구대는
한걸음에 달려온 여름을 맞느라 분주하다

지난밤 내린 장맛비에 배부른 대곡천 계곡에는
새콤한 아침 공기에 마실 나온
너그러운 풍경 너머
거대한 몸짓으로 솟구치던 붉은 고래의 형해가
햇빛에 반사된 원시림 안으로 빨려 들어가고
구름 조각 한 움큼 쥐어 허기를 채운 마파람에
진녹색의 물결이 높고 급하게 흐른다

아주 먼 기억의 저편에서
퇴적된 바위를 파도 위 귀퉁이에 뉘이고
바다를 삼킨 눈빛으로
고래를 상어를 물개를 사냥하던
누군가는 꿈을 이루기 위해
누군가는 배를 채우기 위해
고래 잡으러 작은 너룻배에서 작살을 던진다
텅 빈 물살에 뿌려진 붉은 피는 이끼되어 푸르다

순간이 지나간 기억 속으로 화석이 대답한다

지구를 바꾸어놓은 움푹 파인 발자국
고래보다 오래전에 살았던
공룡의 흩어진 흔적을 찾아 나섰지만
자취도 냄새도 없다
이따금 울어대는 갈까마귀만 허공을 맴돈다

낯선 곳이지만 낯설지 않은 곳에 비경을 만난다
어둔 풍경 아래 드리워진 연둣빛 습지 위에는
눈물을 흘리는 버들가지가 펄럭이는 바람 속에 지워진다
사근대는 댓잎은 사랑의 내재율을 띤 가락에 맞춰

쑥쑥 키워낸 죽순을 발끝에 키운다
햇살이 키운 대나무 숲을 따라 긴 그림자가 걸어간다

자연과 인간의 조화로 만들어진
반구대는 유월의 계곡을 넘어가고 있다

무령왕릉, 서랍에서 꺼내다

하늘은 어둡고
빛도 소리도 없는 영원

널길을 따라 날아오르면
꿈인지 기억인지
찬란한 순간

한 자字 한 자
옹골지게 박혀있는 묘지석

영원한 제국
뚫어지게 들여다본다
뚫어지게 쳐다본다
(투명한 유리 너머 은은한 조명이 번진다)

세월의 공명이 심연에 닿아
침묵으로 말한다
왕이
왕비가 누워있는 돌방무덤

널방에 흩어진 반짝이는 응시

금꽃
불꽃
푸르스름한 느낌표

잊혀진 제국

운명처럼 찾아온
그늘과 빛
이 넋과 저 넋 사이를 오간다

잠잠히
묘혈에 누워
천년 그 이상의 세월을 건넜다

과도기

고산준령을 넘는다 첩첩히 둘러싼 산맥이 심오한 그때인 양 처연하다 벌써 부터 대오를 맞춘 밤은 추적추적 내려오고 공중으로 휘갈기던 바람 또한 매몰차게 몰아세운다 검붉은 달빛 속 너더너덜한 너덜길을 타며 소름 돋은 뼈를 붙잡고 비렁을 내려간다 맨 처음 간직했던 기도를 외운다 공포를 공허를 기도한다 가쁜 숨 사이로 파란 기척이 흔든다

오래전에 이곳으로 떠나왔다
지금은 떠나는 중이다
눈빛이 루비처럼 빛나던 기억
어떤 것은 사라지고
어떤 것은 사랑하고
어떤 것은 읽을 수 없는 이야기로 남는다

새벽녘
비누 거품 같은 안개가 이쪽에서 저쪽으로 펄럭인다

제2부
천국 콘서트

공무도하가公無渡河歌

새벽 동공이 입술에 붉게 스며들면 매화 꽃살문이 툇마루에 휘청거리다가
아무도 기억할 수 없는 강물 저편으로 조용히 가라앉는다

처마 끝 내림새 바닥에 깨어 흩어지고 금간 기왓장 사이로 망초대 하늘거리면
곳곳에 일렁이던 지난한 시간을 애써 지우려 잡히지 않는 메아리를 찾아나선다

마음의 진한 칼날을 갈아 하나를 이루려 마른 뼈를 깎아 세월의 등을 업은 사내는
두고 갈 것도 가지고 갈 것도 없는 세속을 모래에 박은 발목처럼 강물에 흘려보낸다

어둠 속에서 한 서린 슬픔을 가슴에 품고 물기 젖은 몸을 마른 가슴에 묻은 여인은
밤 새워 걸어온 버선발을 지탱하기 버거워 그림자 흔적을 베어 물고 몸부림친다

스물세 줄 슬픈 공후 음조 따라 애잔한 목소리가

들려온다
　시간이 놓고 간 기억 사이로
　그 강을 건너지 마오 내 님이여

　고스란히 살아온 힘겨운 생을 그예 건너간다

코로나19

꿈을 꾸고 있는 건가요

매일매일의 뉴스가
공포영화를 보듯 아슬아슬해요

신문 기사는 어떤가요
스릴러 소설을 읽고 있어요

월요일이 불안했어요
화요일이 불안했어요
수요일이 더 불안했어요
목요일이 조금 더 불안했어요
금요일에 점점 화가 났어요
토요일에 미칠 것 같더군요
일요일에 기도했어요… 도와달라고
또 월요일이 불안해집니다
또 화요일이 불안해집니다
.
.
.

언제까지 꿈을 꾸고 있어야 하나요
공포영화는 언제 The End하나요
소설의 살인자는 언제 드러나나요

막연한 이밤, 다가기 전에
꿈에서 깨어나기를
클라이맥스가 지나가기를
소설을 끝낼 수 있기를…

어느 자영업자

일상은 늘 평온하다
저녁 퇴근 무렵 복닥거리는 소소한 행복에 빠져든
주말 놀러 가는 뒷모습들을 부러워하며
나도 언제 쯤, 하며 작은 희망 키운다

그러나 이제는 일상이 막막하다
발길이 끊어진 퇴근길
텅 비어있는 좌석으로 사인 불빛만 환하다
주말 거리는 싸늘하다
사회적거리두기로 좀처럼 나돌아다니질 않는다

멍하니 봄 하늘 쳐다보니
아린 가슴에 꽃구름이 피어나고
어디론지 훌쩍 떠나가 버리면…

지난겨울이 그립다면 그리울까
개업 셋째 달,
운이 좋았는지 장사 수완이 좋았는지
직원 6명에 아내까지 손 거들며
24시간 나름 눈코 뜰 새 없었는데

그러나 코로나19 두 달 째
운도 수완도 통하지 않는다
직원 다 내보내고 1명뿐 살갑던
아내 마주하면 잔소리와 짜증이 더한다
영업시간 단축에 일요일은 문 닫고

바람 앞에 등불이 무언지…
며칠째 재료비는커녕
1인 알바비도 못 줄 형편에 몰리고
밀린 임대료 각종 고지서 연체 독촉장
언제 이렇게 되었나 싶어
'왜! 장사는 한다고' 가슴을 쳐보지만

기댈 곳 없을까
긴급 안정자금이 나온다고 하는데
언제나 나오는지… 이리 뛰고 저리 뛰고
아직까진 깜깜소식
얼마나 버틸 수 있을까
지나가면 나아지겠지
모두가 어려운데 참아내야지 하면서도
머리 식히려 뒷산 오르면
못난 생각 뒷꼭지에 꾸역꾸역 올라온다
허… 참, 하며 헛웃음 피우기에
지금, 지금이 너무 어렵다

행복한 주간보호센타

문득 걷다가 멈추게 하는 마음이 있다
폭풍이었다가 폭우였다가 메마른 갈증처럼
모든 것이 사라져간 빈터
열려고 해도 덜컹거리며 닫혀지는 문
그 안에 당신이 있다 기억 저편으로 건너간 창
화들짝 놀라 떠올려 보면 다시 환해지는 문이다

잃어버린 전화기를 냉동실에서 찾았다
벌렁거리는 심장을 화분 속에 감추고
빈집의 적막처럼 서 있었다 홀로
무엇을 찾고 있었나
무엇을 생각 했었나
도무지 기억나지 않는 밤 환하게 불 켜진 방

그 와중에 코로나 확진이란다
꼼짝없이 이레 동안 앓아 누웠다
아픈 건지 사는 건지 사는 게 아픈 건지 꼭
죽지 못해 사는 것만 같다 입맛이 소태처럼 쓰다
은혜였을까 감사였을까
무사히 돌아올 수 있을까
동지섣달 폭풍한설에도 꿋꿋이 버틴 몸이다

여기서 저 끝까지 엎드린 나이를 물어본다
굳이 답을 알고 싶지도 않고
답을 원하지 않는다는 것을 알아도
구부러진 허리에 지팡이 붙잡고 걷는 세월이
바위도 피할 수 없는 미련이란 걸
꽃 피고 꽃 지는 운명이란 걸 알면서도

어제가 오늘처럼 오늘이 내일처럼
내가 너를 보살피고 네가 나를 위로한다
오랫동안 알았던 사람처럼

어제 같이 잠을 잔 사람처럼
서로가 서로를 감싸고 안아주는
평안이 웃음이 행복이 묻어나는 곳이다

문득 걷다가 멈추게 하는 마음이 있다
휘청, 문턱에 낀 채 움직이질 못하는 휠체어
슬몃 밀어주는 손길에
휠체어에 앉은 어르신 고개를 젖히며 활짝 웃는다
휠체어를 미는 손길에 미소가 끌려온다
행복한 마음이 햇살 너머로 환하게 들어온다

아 아*

처음 접하는 것은 모두 다 낯설다
낯섬을 반복해 접하다 보면 익숙함이 되고

늘 커피는 찻잔에다 뜨겁게 마시는 줄 알았다
커피 3스푼 프림 1스푼 설탕 1스푼을 넣어
쓴맛인지 단맛인지 밋밋한지 모른 채
호호 불며 홀짝 들이마시면 그냥 좋았다

한때는 자판기 믹스커피가 대세였다
추운 겨울에도 동전을 넣고 누르기만 하면
자동으로 한 잔의 종이컵에 주루룩
달달하게 적당하게 따뜻하게 입술을 적시면
당장의 스트레스가 사라지며 마냥 행복했다

요즘은 아메리카노가 일상이 되고
향긋한 원두와 인고의 시간을 넣고 흔들어
빨대로 쭈욱 빨아드리면
상쾌하고 시원하고 맑아지는 정밀靜謐의 교감이다

낯섬과 익숙함의 반복으로 삶은 더 나아지고
익숙함이 쌓이면서 숙련이 되고 변화가 일어난다

〈

이젠 편하게 쉽게 마시고 싶다
식후에 보리차 누룽지 숭늉 마시듯이
생각하지도 음미하지도 고민하지도 않는다
에스프레소 기본 샷을 찬물과 얼음에 넣어 만든
흔하디흔한 아이스 아메리카노

빅사이즈 투명 컵에 꽉꽉 채워진 얼음 위로
흘러내리는 진한 파스텔톤의 커피 원액
극한 폭염의 찜통더위가 순식간 씻겨진다

한 손에 움켜진 이천 원의 쾌감을 느껴보자
질보다 양으로 승부하는 벡수에게도 적격이다
삭여야 할 화가 그리도 많을까
롱패딩 한겨울에도 포기하지 않고 주문하는
그래서 얼죽아를 만들어 낸 소울푸드 아 아

* 아이스 아메리카노

천국 콘서트

지난겨울에 죽을 거라고 말했던 친구로부터
뜬금없이 연락이 왔다
임영웅을 좋아하냐고 했다

임영웅 콘서트를 보고 싶다고
콘서트는 처음이라 같이 가 줄 수 있냐고 물었다
임영웅을 너무 좋아하는데
티켓을 구할 수 없어 마음만 있었다고

콘서트 첫날 이른 시간에 만나
단풍이 곱게 물든 올림픽 공원을 걸었다

하늘 위로 무언가 지나가는 동안
난 이곳이 처음이야
서울에 살았는데 옆 동네에 살았는데
이런 곳이 있는 줄 몰랐어
이런 삶이 있는 줄 몰랐어

끊임없이 임영웅 이야기하며 걸었다
좋은 것들에 대해

임영웅의 사랑스러움을
임영웅 노래를
임영웅의 표정과 몸짓을

살짝 지친 친구는 손으로 이마를 가리며
기대감에 들떠 콘서트장 입구 쪽을 바라본다

게이트 곳곳 팬들이 죽 늘어서 있다

끝이 보이지 않는 줄이어서
천천히 입장하자고 했다

하늘색 유니폼의 같은 듯 다른 얼굴들
환하게 떠들며 문득문득 이어가는 환호

얼마나 기다려야 입장하나요
방금 도착한 팬이 도우미에게 말하는 소리가 들렸다

콘서트가 시작되면서 임영웅이 있는 이곳이
천국이 아닐까
천국이 있다면 이런 곳이라면 좋을 텐데

천사의
얼굴이라도 볼 수 있으니

혹 손이라도 잡을 수 있으니

다음 달 콘서트에도
내년 내후년 콘서트에도

비가 오든 눈이 오든 바람이 불든
임영웅 콘서트를 예매해야지 또 와야지

낙타가 바늘귀에 들어가는 것만큼 어렵다 해도
우리 영웅이가 곁에 있으면
우리 영웅이를 볼 수 있으면

여기가 천국이라고 친구는 말했다
나도 여기가 천국이었음 싶다

공사중工事中

여름과 가을 사이
사그러진 달빛을 타고 흐르는 이슬방울이
푸석한 흙냄새에 자리를 펼치면
슬그머니 하늬바람이 들어와 눕는다
창호 너머
투두 떨어지는 별
그 별을 줍던 까칠한 날은
흐트러진 홑이불을 슬며시 끄집어 올린다

풀섶 어디선가 귀또리 현絃을 켤 때
휘청거리던 밤이 하얗게 지워진다
짧은 여름날을 파고들던 끈적임은 이내 파묻히고
탱글한 무덤이 봉긋이 솟아난다
여느 날처럼 피어오르던 빨간 새벽은
그 너머로 더 이상 자라지 않고
만월을 파먹은 하얀 달은 대추나무에
마지막 정기를 쏟아낸다

70`s 가을

우듬지 모서리에 걸려 찢어진 햇살이
미끄러져 내려가고 있다

사라진 숲의 모퉁이를 지나면

기울어진 낮의 시간이
어디로 들어가는지 모르게
조금씩 줄어가고 있다

가끔은
망각의 속도를 늦춰볼까 싶어
계절의 옷자락을 당겨 돌아보면 바람과 그림자뿐

고요히 등을 돌린 뒷모습을 바라보며
견디기 어려운 세상 뒤편으로 숨어든다

깊은 사랑 뒤의 어둠을 벗기기 위해
구겨진 슬픔을 던져버리기 위해
미련하게 간직한 오랜 꿈을 지우기 위해

같은 듯 다른 풍광으로 걸어가는

삶의 연속을 묵묵히 받아들이면서

푸른 외투를 벗은 자작나무는
빛을 분해하는 크리스털처럼
박피된 채 반짝거린다

이 생의 끝에는 무엇이 기다리고 있을까
영근 꿈 한아름 쓸어안고 웃을 수 있을까

부서진 가을을
왜 떠나보낼 수 없는지 알아본다

부조리극

저 달처럼
아무 말 없는 채로 조용히 따라간다 한들
보이지 않던 것이 보일 리 없잖아

저 별처럼
입술을 꾹 다문 채로 반짝 빛을 비춘다 한들
모든 것이 드러날 수는 없잖아

너로 가득했었던 풍경이
어느 구석에서 어느 방향으로
내몰릴지 아무도 모르는 거잖아

슬픈 예감은 언제나 맞아
슬픈 꿈속을 거닐던 그 속에서는 말이야
어차피 눈에 보이지 않으니 모두가 넘어가잖아
어차피 말에 신뢰가 없으니 모두가 무덤덤하잖아

모든 걸 알고 있었음에도
모른 척 침묵한 시간들로
허세가 물어다 준 기대는 이제 보이지 않고
희망을 꿈꾸었던 기억은 이제 무너져 버렸다

〈

저 흩날리는 세상살이 풍경처럼
꿈꿔왔던 지난 시선이 먼 곳을 바라보는 걸로 했으면

마지막엔 아무도 없어
마지막엔 무엇도 없어

그때의 풍경이
그때의 희망이
그때의 감정을 약속할 수 없으니

다만 가슴 아플 뿐

멸절의 구덩이를 파는 기슭의 기억들
비명을 봉인한 지점으로부터

멀리 넘어온 아린 시선 하나가 외길로 치닫고 있다
낙엽더미 바스러져 가는 계절이 되려나

불어오는 이 바람이
흘러가는 저 구름이
시린 시간을 조금씩 절여 가고 있다

의심 봉다리

전철 이촌역은 4호선과 경의중앙선 환승역으로
오르내리는 입구가 좁아
에스컬레이터를 탈 때면 늘 붐비고 복잡해서
가끔은 계단을 이용하곤 한다

오늘따라 혼잡한 틈을 타고
깊은 듯 가벼운
은은한 듯 쌉쌀한 향내가
국립중앙박물관으로 이어지는
계단 연결 통로를 따라 풍겨온다

석조 정원 7층 석탑 이끼 향인가
백자 달항아리를 빚은 가마 숯 향인가
그도 아니면 겸재의 수묵담채화 묵향

급한 마음으로 코너를 막 도는데
좌판 하나 벌여있다
작은 체구의 노파가 느릿느릿
불거진 손마디를 움직이며
검고 통통한 더덕을 벗기고 있다

얼른 피해가야지 하는 심정으로
빠르게 지나가려는데
고개를 쳐든 눈과 눈이 마주친다
시선을 피할 틈도 없이
아저씨 좀 팔아줘요 국산이에요 국산

순간 멈춰 선채로 벌여 논 좌판을 본다
단출하게 작은 소쿠리에 담겨진
하얀 속살의 도라지와 더덕
도라지 만 원 더덕 2만 원

골판지에 삐뚜름하게 흘려 쓴
기격표기 너덜너덜하다
그냥 가야지 하며 스쳐 지날 때

개시 좀 해줘요 넉넉하게 드릴께

엉거주춤 서서
사야 되나! (말아야지) 국산이라! (믿을 수 있나)
잘못 얽이면 안 된다 하면서도
손끝과 시선은 이미 더덕으로 가 있다
말 섞으면 안 돼 하면서도
이렇게는 필요 없고 조금만 주세요

아저씨 이거 사 가지고 가면
아내분이 좋아할 거요
여기 까놓은 거 다 가져가고 이만 원만 줘요
땡잡았다 싶은 생각이 불쑥 든다
검은 봉다리에 담아 건네주며
아저씨 복 많이 받을 거유 고마워요
어르신 많이 파세요

들고 다니는 검은 봉지가 내내 신경이 쓰인다
가지고 다니자니 걸리적거리고
버리자니 아깝고 노파는 눈에 밟히고
하는 수 없이 곁에 끼고 다니는데
자꾸 봉다리 안쪽으로 눈길이 간다

집에 들어서자 아내에게
지나가다가 어쩌지 못하고 샀어
불쑥 내뱉고 건네준다
어머, 더덕이네 도라지 하고…
반찬거리 없었는데 잘 사왔네
잠깐 기다려요
더덕은 양념해서 굽고 도라지는 무칠게

어디서 샀어요 양이 많네 얼마야
이만 원이야

정말? 정말 싸게 샀네 향도 좋고
국산 자연산 맞네
다음에도 그 할머니 만나면 또 사와요

밥상에 올라온 저녁 향이 달달하다
얼굴이 붉어진다

재활용 쓰레기통에 버려진
검정 비닐봉지가 왠지 내 꼬락서니 같아
민망스럽다
괜히 의심하고 피하려 했던 치졸함

연어, 꿈을 연주하다

새로운 세상을 향한 은백색 스몰트에 어린 연어는 아파하지 않았다
출렁거리는 물살에 웅송그리듯 앉아
바다를 삼키며 떠나가야 할 두려움을 삭히며
기도제목을 빈 파도에 적어 보낸다
처얼썩, 나를 고치소서 내가 변하나이다

모천회귀를 기원하는 슬픈 구도자는
서슬 푸른 바닷길을 마다하지 않고
꽃인 듯 피어나는 절대 사랑을 담아 남대천으로 올라온다

바람이 일렁이면 폐부 깊숙이 질주하는 본능에
짙은 혼인색 굽어진 지느러미로 하얀 모래톱을 파헤치며 몸은 찢어지고 헤어진다
심해의 자궁에서 잉태된 빠알간 포도송이들, 그 위에 하얀 정액
포말에 밀려 쏟아진 잔별만큼 서럽게 불사른다

너울대는 파도 저 너머를 거슬러 오는 동안 연어는 사랑의 깊이를 다 알았을까

가슴으로 이야기하며 거친 숨을 고르는
몇 줄의 은빛 물결 위로 솟구치는 알레그로의 외침
따따따 딴

태어나서 처음 하얗게 내려앉은 보름달을 불러본다
어미가 뿌려놓은 머나먼 궤적을 따라 여정의 단서를 찾아가는 어린 연어는
그러면 저 넓은 자유와 한몸되어 거센 풍랑도 두렵지 않으리
대담하고 힘찬 연주가 물결처럼 밀려오는 영웅교향곡 제1악장 알레그로 콘 브리오

살아낸다는 것은 죽음보다도 무거운 그리움이나
눈부신 오후 반짝이는 잔물결이 차마 떠나지 못하고 죽어가는 그림자들을
뗴살이로 지친 어깨를 포근히 감싸 안을 때
선분홍의 부드러운 씹힘은 또 다른 오케스트라다

심리검사

작은 방 작은 창문으로 들어오는 햇살이 놓여진 책상 위
검사지에 눈이 멈춘다
멍 때리며 타닥대는 불안감에 잠시 흔들린다
숨을 몰아 쉬어본다
마음에 박힌 굳은살이 올라온다
예리한 초침 메스가 심령을 찌른다
무의식적 환상이 불안과 초조로 몰아간다
체킹 마크에 발가벗겨진 마네킹이 울컥하면
어김없이 검사자는 치고 들어와 또 다른 영혼을 재단한다
세상에서 얻었던 행복이 근심의 너울 되어 출렁거린다
감추고 싶은 역기능적 반응이 속속 드러나면
두려움의 옹이가 의식을 파고든다
영원을 꿈꾸며 살았던 오만이 산산이 부서지고
상실감이 주는 극도의 스트레스에 심장이 짓눌린다
파열음이 머리의 한쪽 끝을 심하게 두들긴다
길고 험난한 항로를 용케 헤쳐 나왔지만 몸도 지치고 마음도 멍멍하다
포기하기에는 너무 일러 인생 이모작을 꿈꾸지만

날개 찢긴 새 마냥 안쓰럽다

남아있는 삶이 너무 긴데
창문 밖 옅은 햇살은 길게 드리워진다

옥수수, 나의 이야기를 하다

별을 세는 한여름 밤 살평상에 누웠다 뒤란 넘어 안마당에 가득 모깃불 연기가
폴폴 피면 하모니카 불던 나의 이야기가 마파람 타고 사립문 밖으로 마실을 간다
봄을 잉태한다 태명을 옥시기玉食라 했다 나중에 건넛마을에서는 강냉이라 불렀다
둔덕을 쌓은 포근한 흙은 비바람에 흩날려 자웅동주의 신화를 엮는다
개꼬리풀이 머리에서 쑥 올라와 살랑살랑 흔들어댈 때면 설익은 바람에 씨알이
툭툭 터진다 헌칠한 허우대는 열병하는 의장대를 쏙 빼닮았다 곧추선 본심이 단단하고
옹골차 이따금 불심 검문에 제대로 대답 못하면 이파리의 날카로운 거치를 피해 갈 수 없다
보았는가 한 줄에 꿰어 쪼르르 옥구슬이 만들어지는 걸 바람의 볼이 어루만지면 먼지처럼
펄럭이던 풀잎은 옆구리에 불쑥 죽순을 키운다 애초에 없던 테두리에는 홍등의 비단결 마냥
곱게 말려진 수염이 반질반질하다 차곡차곡 포개 입은 속곳을 조심스럽게 벗기면 포실하게
영근 알맹이가 야들야들한 여심에 파묻혀 뒤엉켜

버린다 조청을 만든다 오래된 아이는
  삶의 경계에서 아물지 않은 흔적을 풋바심해 생으로 씹었다 비릿한 젖물이 한 입 가득하다
  달큰한 팝콘이 봉지째 쏟아진다

  강원도 국도 따라, 여름이 지나는 냄새를 부른다 어떤 이에게는 생명이기도 하고
  또 어떤 이에게는 그냥 간식거리인…

친구

요즘 세상에
거의 막말을 해도
고깝게 들리지 않는 사이

이제는 어쩔 수 없이
고개 숙인 나이지만
늦친 소리에 낄낄대고
걸쭉한 농을 섞은 음담패설에
호탕하게 웃어주는 사이

드러내 놓고 말 못하지만
만나면 아직은 팔팔하다고
청춘의 객기 쯤 부리고 싶어
은근 불러 주길 기다리는 사이

어려우면 당겨주고 북돋아 주는 사이
힘이 들면 밀어주고 다독거려주는 사이

멀리 있어도 오랜만에 봐도
새록새록 옛 기억으로
되돌릴 수 있는 사이

〈

그래서 좋은 사이보다
더 좋은 편한 사이

삭히면 삭힐수록 묵히면 묵힐수록
정겹고 구수하고 찰진 사이

세월 흘러 머리는 희어져 벗겨지고
목주름이 하나둘 새겨져 늘어나도

마음만은 여전히 변함없어
스무 살 그때 그 시절이
그립고 정겨워
보고 또 보고 싶은 사이
우리는 친구입니다

어버이날 부음

'지금은 너무나 어둡습니다
나의 모든 고통 속에 당신이 계십니다
마치 당신이 나를 피하신 것같이 여겨집니다
예전처럼 뜨겁게 가까이 느끼게 해주십시오'

아픔이 또한 거룩한 사랑이란 걸
떠나고 난 후에 알았다

오늘은 어버이날
서늘한 공기가 살짝 열린 창문을 타고 들어와 잠을 깨운다
한밤을 자고 난 보름달이 아카시아꽃 향에 취했나
하이얀 얼굴이 먼 구름에 가리운다
밤새 목을 비트는 질식의 고통이 가라앉았다
마음의 무게가 천근만근이다

메시지가 들어와 있다

〈부고〉
O시 O분 OOO께서 운명하셨습니다
발인은 5월 10일입니다

이른 시각 갑자기 그가 세상을 떠났다 머릿속이 하얗다 다시 들여다보아도 그의 전화번호다 무슨 일인가 싶어 불안이 심장을 파고 든다 굽어진 허리를 펴고 일어나 창문을 연다 베란다에 이슬이 방울되어 이음새타고 흘러내린다 까치가 둥지를 두고 시끄러이 울어댄다 산중턱 안개가 골을 타고 올라가면 머슬머슬 기억의 도그마 속으로 빠진다 생각해보고 또 생각해본다 너무 먼 길을 돌아왔었나 마음의 무게를 덜어낼 수 없었나

그래도 그렇지 왜 하필이면 오늘 만큼은 아니었었는데
영혼이 되어 모든 것을 잃어버리려고 그랬나
아니면 남은 사람에게 평생 짐을 지우려 그랬나

멀찍이 차려진 빈소를 찾는다
조용히 웃고 있다
네가 제일 먼저 올 줄 알았다고 반갑게 맞이한다
눈물 대신 한숨이 자리한다
엉엉 바닥을 치며 울고 싶은데 맹숭맹숭하다
바보 같은 놈

그래! 네가 옳았는지 모른다
네 마음을 안다 네 심정이 오죽했으면

다시 눈을 감는다

카네이션 대신 하얀 대국을 올려 놓는다
그의 빈자리에 내가 대신 앉아 기도할 뿐이다

이 시대의 아버지

절절한 섭섭이
그저 그렇게 밀려드는 고백이 되어 허공을 마주하면
한 줌의 숨을 들이고 멋쩍게 눈가를 훔치는 당신

추우나 더우나 비가 오나 눈이 오나
새벽부터 일터에 나가
윗사람 눈치 보고 아랫사람에 치받치면서
오로지 당신의 처자식을 위해
제 한몸 부서지는 건 생각지 않고 일만 해온 당신

돈도 시간도
당신을 위해 투자한 적이 없었기에
공부는 대충했습니다
변변한 옷 한 벌 제대로 장만 못했습니다
친구들과 빼근하게 술 한번 마시지 못했습니다
언감생심 멋들어진 해외여행 한번 못했습니다

이제나저제나 기다려왔던 은퇴
해방인 줄 알았습니다
자유인 줄 알았습니다
그런데 그게 아니었습니다

또 다른 올가미가 기다리고 있습니다

주름진 세월을 한 꺼풀 걷어낸 지금은
울타리였고 담장이었던 당신 대신
당신의 이브였던 엄마만 찾게 되었답니다
'우리 엄마만큼 고생한 사람이 없다'며

언제부턴가
세탁기에 밸밸 꼬인 빨래 꺼내 건조대에 널고
청소기 돌리며 손주랑 놀아주고
가장 하기 싫은 음식물 쓰레기 버려주고
분리수거 날 재활용품 치워주고

쌀 씻어 전기밥솥에 밥물 채워 뜸 들이고
설거지까지 맡아야 합니다

그나마 일이 있어 위안 삼던 당신이었습니다

어긋나는 침묵의 목소리가 들립니다
집안만 지키는 당신은 어쩔 수 없이 삼식이랍니다
'아버지, 엄마 힘들게 하지 말고 여행도 다니시고
친구도 만나시고 전처럼 하세요'

여행도 노는 것도

당신에게는 쉬운 게 아니었습니다

집 나와 갈 곳 없어 공원만 어슬렁거립니다
바람이 붑니다
이리 뒹굴고 저리 치이던
검정 비닐봉지가 멀리멀리 날아갑니다

누구 하나 불러주질 않습니다
당신을 위해 할 줄 아는 일이 없기에
하루 종일 뉴스나 유튜브만
들여다보고 파헤쳐봅니다
불쌍한 당신

아무리
시대의 흐름이라지만
아버지, 이제라도 당신을 위해서 사십시오

아버님 송頌

아직 누인 자리의 온기도 흔적도 그대로인데
어머니가 가신지
두 달하고도 채 보름이 지나지 않은
한 계절, 이 겨울이 가기도 전에
어머니 손을 잡으려고
어머니 발걸음과 함께하려고
아무 말씀도 하지 않으신 채
급한 듯 조용히 계신 듯 가시니 알지 못했습니다
전혀 느끼지 못했습니다
아! 아버님 허탄합니다
얼마나 그리우셨나요
얼마나 보고 싶으셨나요
아니, 얼마나 힘들고 아프셨나요
가슴에 동이고 말씀은 아끼시면서
자식에게 부담이 안 되려고
자식의 흠을 감춰주려고
당신의 가슴에 피멍이 맺히는 것도 모르고
당신의 마음속이 하얗게 타들어 가는 것도 모르고
당신의 삶이 쥐어짜듯 망가지는 것을 모르는 체하며
그렇게 그렇게 허허하게 놓으시다니요
죄송합니다 가까이 다가갔어야 했는데 멀리했습니다

죄송합니다 사랑했음에도 제대로 표현을 못했습니다
죄송합니다 진심을 알면서도 어느 땐 무시했습니다
죄송합니다 살폈어야 했는데 핑계 대고 미루었습니다
죄송합니다 당신을 돌보지 않는 희생을 가볍게 여겼습니다
몰아쉬는 숨소리가 아직도 생생합니다
다 마무리 짓지 못한 해후
이제 내려놓으시니
슬픔이 억장이 되었어도 한편으로 다행이다 싶습니다
아픔에 무너지나 싶었는데 한편으로 감사가 생깁니다
고맙습니다 지금까지 받은 은혜
조금이나마 덜어내려 했는데 그나마도 받지 않으시고

장산을 오르다

푸른 달빛이 사그라지면 나의 소리에는 새벽이 가까웠다
초점 잃은 기도는 선잠으로 바꾼 채
조용히 제자리로 돌아와
몰래 스며든 '떠날 생각'을 삼켜버렸다
어떻게 찬바람이 휘감아 돌아드는 상념을 지울 수 있을까
사랑에 빠진 사람처럼 모든 것을 멈추고 겸허히 눈을 감는다
오래된 기억을 찾아 하릴없이 서성이던 채비를 등에 얹는다
태곳적 신비가 묻혀있다
누구는 때 묻지 않은 오지라 했다
소리 지르는 것보다 침묵하는 것을 배웠고
행동하는 것보다는 기다리는 것을 선택했다
길은 만들어지는 것
지워지지 않는 발자국을 만들며 올라간다
암초록의 숲은 차라리 밀림스럽다
바위 하나 나무 하나가 신령하다
머물지 않은 흔적은 검버섯의 관을 짜 잔인하게 시간을 매장했다

그곳은 스필버그의 쥬라기 공원이었다
고사목 삭정이는 티라노사우르스의 발톱
벼린 바위 틈새로 타르보사우르스의 이빨이 보인다
고사리 소철 양치류 보이지 않는 손이 하늘을 덮는다
그 손은 여행자의 보물찾기 이끼 속의 운석을 키운다
고요만 존재하지는 않았다
바람이 밟고 간 부엽토 속에는 생존을 위한 전쟁이 있을 뿐
더 이상 오지는 아니었다

구름 사이로 햇살이 뚜벅뚜벅 걸어 나올 때
나는 영월의 장산壯山 정상을 밟았다

몽정

깊이 빨려드는 진한 여운
어제를 흉내 낸 오늘이
어둠 속으로 감추어지면
당신을 만나는 거야

언뜻 지나치는 일상의 색깔 속에서
하얀 기억을 지우고
커튼 뒤, 발자국을 따라가는
나만 알고 있는 하룻밤의 정사

아침은 또렷하고 저녁은 흐릿한
우주보다도 복잡한 이야기
여자의 눈물까지
찾아낼 수 없는 속살의 기억이 웅크린다

한 번도 입어보지 않은 옷을 꺼내 입고
침실까지 들어온다
밤처럼 까만 목소리로 옷을 벗고
다리를 올리고 아주 천천히 사랑에 빠진다

느낌표로 다가오는 발라드

가성처럼 머리로 노래하지
꿈결인지 꿈속인지 한몸 되어
따뜻하게 또는 천박하게

나는 무너지고
당신은 부서지고

지워지지 않은 독백처럼
힐끗 쳐다보는 얼룩들
덥혀진 비릿한 냄새 뒤로
품고 견딘 아픔이 아려온다

황홀 그리고 미련이 반복한다

무욕사無慾寺

어느 해 초여름
뻐꾸기 울던 야트막한 바위산 밑 덩그러니
어디에나 있고 어디에도 없던 절집 한 채
무너진 돌담벼락 위에 고여 있던 붉은 햇살
촛농처럼 뜨겁게 쏟아지고
허술한 기와지붕 처마 끝 암막새 한 장 금 간 사이엔
삐죽 자란 하얀 개망초 바람에 휘청인다
뼈다귀만 남은 채 아랫도리 떨어져 나간 배롱나무
허리 구부린 채 꽃무더기 지고 있는 동백나무
대웅전 앞마당에 서 있다
얼굴 환히 비추는 감어수 한 바가지 비우고
문신처럼 그려 놓은 도량을 돌다보면
아니 오신 듯 다녀간 번뇌에
목탁 소리 죽비 소리는 영혼을 깨우는 울림이 되고
법고 소리 범종 소리는 망상을 끊어줄 칼이 된다
어쩌랴
하릴없이 서성이던 저녁노을
어느 틈에 문지방 넘어 들면
보이는 것도 없고 보이지 않는 것도 없으니
느리게 가는 어둠 속에서
느리게 오는 새벽 기다리며

느리게 지는 달빛 따라
느리게 꺼져가는 장작불 너머로
한 차례 또 한 차례 그리고 엎드려져
참회의 백팔 배가 드려진다
거대한 바윗돌 같았던 욕망이
냇가의 조막돌처럼 보잘것없이 작아지고
부처님 미소가 마음 가득 모셔진다

언제부턴가
기억의 횃대에 호롱불 하나 켜 놓았다

산소

청대골 날망에 할아버지 할머니가 계신다
바로 윗터에 할아버지의 아버지 어머니가 계신다
옆집에는 할아버지 아버지의 아버지와 어머니가
그리고 아랫녘에 작은어머니 김씨가 계신다
건너 너른 마당에는
할아버지 아버지의 아버지의 아버지가
새뜸으로 마실 간 아내를 기다리며 홀로 계신다

밤꽃향이 마른 바람에 실려 진동할 때
노랑나비가 망두석 꼭지에서 팔랑댄다
길게 휘어진 소나무 등걸에 말벌이 똬리를 지었다
밤사이 소낙비에 말끔해진 상석 위로
차례상이 차려진다

날망 너머로 햇살이 드리우면
기력이 쇠해 오르지 못한 늙은 자식은
뒷짐 진 채 허허로이 먼 산만 바라본다
빈 산에는 소쩍새가 운다

제3부
꽃의 묵시록

관악산 읽기

KTX를 탄 봄향이
한강철교를 건너지 못한 채
꽃샘추위에 머뭇거리던 날
관악산을 읽는다

농염한 목련이 처녀 젖몽우리처럼
봉긋이 자지러지는

사당길을 지나 등산로로 접어들면
이내 쌀쌀한 기억이 내걸린다
군데군데 철 지난 낙엽에 옹송그린 방공호가
잔혹한 분단의 흔적을 그으면서
난만한 무덤으로 다가선다

가파른 바윗길이 하롱하롱 숨을 멈추게 한다
겨우내 몸져누웠던 심장이
할딱거리며 가슴팍을 조여오니 쉬었다 가고 싶다

뿌연 63빌딩이 굴절된 미세 먼지에 흔들린다
여의도에서 내쳐지던 봄날
비틀거리며 다가온 IMF 구조조정에

휘어진 소나무가 되어
늪 가운데로 빠져들었다

땀을 흘리게 해주던 등산로
소망을 찾아주었던 바위산
의연하게 줄지어 선 능선을 따라
바위들이 하늘에 기대어 입술을 부딪친다
도도하게 또 심각하게
외롭게 또 그립게 바위를 탄다
그새 익숙해졌나 보다

연주대로 올라가는 마지막 난코스
팽팽한 쇠줄에 몸뚱이가 들썩인다
시리고 아픈 사연이 버거웠던가
절벽 위로 아찔한 장군석이 하늘 끝자락에 서 있다
한 땀 한 땀 흘린 땀방울이 이제 정상이다

넉넉한 너럭바위가 그렁저렁 세상 시름을 놓게한다

설익은 봄바람이 분다
천 년 세월을 아슬아슬 이고 있는
주상절리 연주대에서
닳아 헤진 이십 년 기억의 흔적을
다시 한번 지워낸다

청계산

사랑하는 가슴엔 따스함이 있다
따스함을 느끼기엔
봄이 좋다
봄을 맞으러 산을 오른다

길고 지난한 시간

고단했던 몸짓
솜털 봉오리에 싸여
껍질을 벗어버린 버들강아지
나를 반긴다

정감어린 친구들
물기 오르는 산길을 오른다

옥녀봉 쉬지 않고 올라
매봉우리에서 흘린 땀 닦고
만경대 상념에 젖어 멀리 바라보다
이수에서 한숨 돌리고
국사봉 돌아 정취어린
옛골로 내려온다

〈

시원상큼한 봄 냄새가 좋아
깨끗하고 정갈한 산바람이 좋아
산을 오른다
청계산을

* 2013. 3 새해 첫 산행으로 친구들과 함께 시산제를 해 청계산을 찾았다.

마음

서로를 향한 소통의 타래가 꼬일 때 마음과 마음이 뒤엉킨다
상처 난 마음이 물음표를 던지면 유리창이 깨져버린다
텅 빈 방에서 마음을 추슬러
층층으로 어지러이 쌓인 갈등의 느낌표를 지워버린다
사랑으로 손을 내밀면 내 마음이 열리고
감사로 허깅하면 네 마음이 푸근해져 너와 나는 한 마음이 된다
얽히고설킨 실타래는 풀려간다

마당과 마당 사이에는 담이 있다
단단한 시멘트 담벼락에 대고 너는 너대로 나는 나대로
소통한다고 마음을 열었다며 시꺼먼 속내를 내비친다

교실 창틈으로 참새 한 마리 날아들었다
밖으로 나가려고 벽을 향해 날아든다 유리창에 부딪친다
지쳐 맴돌다 날개가 찢긴다 끝내 떨어진다
놓아주려는 마음이 있다 잡고 싶은 마음도 있다

참새는 죽었다
의식의 껍데기를 뒤집어쓴 무의식의 추한 금禁줄을 친다

마음과 마음이 통할 때
나는 너의 내면을 알 수 있고
너는 나의 페르소나를 바라보며 이해하고 감싸준다
삐뚤어지고 굴곡진 담벼락이 허물어지면
한과 정 사랑과 미움 욕망과 감사가 하나가 된다

새롭게 날아 들어온 누군가를 싫다고 해서 미워하고 왕따시켰다
갇힌 참새를 놓아주려고 마음을 먹다가

나도 모르게 휩쓸려 창문을 닫아버렸다
의식 저편에 깊숙이 자리하는 무의식의 내면
진정 내 마음은 하나가 되지 못한다

꽃의 묵시록

고양꽃박람회에 갔다
꽃 꽃 꽃
사람 사람 사람
그가 써내려간 묵시록의 머릿글이다

그의 탄생 전야는 불꽃으로 시작됐다
별이 폭포되어 쏟아진다
그의 제단에는 꿈과 사랑과 평화의 메시지를 담은 일억 송이의 희생 제물이 올려졌다
그의 장막은 전통과 현대가 어우러진 환상의 향연장이다
그는 전설이 되었다
옛이야기가 흐르고 추억의 향을 피운다
상상의 나래를 타고 꽃 터널을 지나
아치로 장식된 그의 정원을 거닐어본다
멋과 맛이 어우러져 최상의 하모니를 연출한다
꿈결 속 꽃 세상이 그의 지성소로 인도한다
그의 생애는 봄날이다
성스러운 아름다움으로 계절의 여왕을 맞이한다
봄과 꽃 그리고 시
최고의 앙상블을 연주한다

그를 찬양하기 위해 증발되어지는
추종자의 행렬은 끝이 보이지 않는다
그가 쌓아놓은 꽃아름의 두께가 멋스럽게 어우러진다
퇴적의 기록으로 남아 꽃의 신세계가 열린다
마음과 마음이 통하고 삶으로 잉태된다
그의 목록을 채울 꽃의 언어들이 떼 지어 들어온다

오늘은 그의 성전에 꽃비가 내린다
오늘은 그의 묵시록에 사랑비가 내린다

잊혀진 계절

여름을 태우고 난 뒷자리로 한 올 바람이 불어온다
익어가는 시절은 제 몸뚱이에 기름을 붓고 분신하듯
붉게 물든 단풍이 시리게 들어온다
이용의 '잊혀진 계절' 가사처럼 가을은 언제나 돌아오는 계절이지만
이룰 수 없는 꿈 이루지 못한 꿈들로 아프다
그래서 서럽다

언제 왔나 싶은 가을비에 달물 고인 항아리는 희미한 기억을 쏟아낸다
오색으로 감추어진 산모퉁이 돌아서면 풍경스런 저수지는
스멀스멀 올라오는 물안개를 품는다
꿈에서 깨면 하얀 갈대숲을 이룬다
뉘엿 넘어가는 햇살에 가려진 은빛 물결이 붉게 물들면
쏟아지는 낙엽 비에 마음이 또 애잔하다

거목의 노랑 은행잎이 수북이 쌓여 가면 한 해의 끝자락이 보인다.
어느새 사랑이란 이름이 하나의 몸짓이 되어 멀어

져간 흔적을 만들고

아름다운 동행이 산하를 물들이면 그리움과 애절함에 견딜 수 없었다

서리 내린 빈 들녘으로 고운 자태가 길게 그림자 되어 스며든다.

헛웃음이 터진다 그녀의 속내가 궁금하다

관통하는 계절의 의미를 알 수 없듯이 이제 이 계절이 가고 나면

또다시 잊혀진 세월 되어 아프고 시린 심사를 감싸주려나

잊혀진 계절의 오후가 살포시 번져간다

반딧불이

비가 오면 비를 맞지만
바람 불어 좋은 날에는 유희를 벌이지
아무렇게나 춤을 춰보는 거야
무작정 신나게 뛰어보는 거야

여기서 놀자, 여기서
밤이 쏟아지고
별이 쏟아지고
꽃이 쏟아지고
믿을 수 없이 작은 요정들이
꽃씨처럼 불꽃처럼
여기서 놀자, 여기서
유성처럼 환해졌다가 어두워졌다

검정 벨벳을
다섯 손가락으로 살짝 쥐어보면
부드러울까 따뜻할까
반짝거릴까 차가울까
청실로 홍실로 수 놓으며
열심히 날갯짓하고 있을 거야

미치도록 화려한
까만 밤하늘이 쏟아내는 개똥벌레 군무

두물머리 풍경

이 물길은 또 하나의 강으로
저 물길도 또 하나의 강으로
하나의 물길이 이루어내는 물줄기
그 한가운데로 합쳐
큰 강이 시작되는 고운 물빛 두물머리

들길 너머 걸어가면 연꽃
물길 너머 들어가면 갈대
돌담 너머 흘러가면 강물
머문 나룻배 사이사이
붉은빛이 만들어지는 일몰

내가 서 있는 두물머리에서
내가 찾아 나섰던 것은 나였던 것일까
새벽안개 속에 피어지는 고요
매일 밤 밀려오는 물의 향연
노을빛 스카프를 두르고 웃고 있는 얼굴
물속 깊이 간직해온 고사목 전설과
아픔 끝의 보여지는 실루엣
그리고 실루엣이 비춰내는 물소리

지금은,
가끔 이해할 수 없는 적막
아니면 감추어진 사랑뿐

7월의 갈등

해질녘
한강 하구를 따라 길게 늘어진 낙조가
북쪽을 향해 걸어가면
자유로를 타고 달리던 날선 철조망은
주름진 어둠을 판다
봉하천 들판을 헤엄치던 왜가리 한 쌍
강을 건넌다
저편 강이 무어라 중얼거린다

속보
깜짝 놀랄 일이 너무 많아 놀라지도 않는 뉴스
무수단 풍계리 노동 스커드 불바다
그리고 성토하는 붉은 광장
성주 사드 패트리어트 그리고 반대집회
끝끝내 지워지지 않는 망령이
오랜 침묵을 밟고 앉아 있다

중국 땅
백두산 천지에 감탄하고 두만강에 선다
갈라진 뒤꿈치 사이로 잃어버린 세월을 지운다
기억보다 훨씬 작은 강변 지척에

벌거벗은 바람이 펄럭인다
언제 적에 불러보았나
푸른 물에 노젓는 뱃사공이 노래하는

훨훨
세 끼니 밥과 세 밤의 인연
흔들리지 않는 거리에서 바라본다
그리움에 손짓하면
희미한 그림자는 껍질을 까고 날아간다
꽃처럼 나비처럼
꽃밭을 다녀가듯 북쪽으로 남쪽으로

아픈 여름

삼복염천
한강대교 위에 바짝 기대 서 있던 시간
저기에서 여기까지 오는 사이
쉿내 나는 오후가 강물 속으로 투신한다

빠르게 질주했던 햇살은 물살을 가르고
긴 파문은 검은 모서리를 깨뜨리며 공중제비하듯
흐트러지지 않던 발자국에 허공을 찍는다
빨간 물방울이 꽃불 되어 터진다

참담한 기억을 쏟아낸 검은 몸뚱이가
흐느적거리며 하얀 심연을 향해 걸어 들어간다
부드럽다 그리고 슬프다고 느낀 알몸은
쉼 없이 강물을 삼키며 진저리치듯 헛구역질 한다

긴 여울이 맴돌아 칠 때

그래 나는 죽은 거야 라고 묵언으로 답한다
식을 줄 모르던 기척은 조심스레 다가와
찰나를 사랑했던 운명에 스스로를 매달아놓는다
먼 생에 다시 만날 수 있을지도 모르니까

〈

잠시나마

세상은 뜨겁게 달아오른다

열대야

한강 저편으로 어스름이 스며들면

늦여름의 열기를
한 입 가득 마신 도심은 가쁜 트림을 뱉어낸다

한낮의 불볕을 지탱하기 버거웠으리라

좀처럼 식지 않은 체온은
뜨겁게 불어오는 바람에 질끈 눈을 감고
몽롱한 무지개를 찾아 나선다

지칠대로 지쳤다

이미 멀어져간 인연을 떨쳐내질 못했나
흔들리는 빌딩 사이로 멍하니 바라보면

잃어버린 기억들만 나풀거릴 뿐
저녁 끝에 달린 침묵은 여전하다

끈적거리는 오늘 밤도
생각에 또 다른 이름의 생각을 꿰매면서

몸부림치다 하얗게 지나가겠지

언제나 끝이날까

문득 다가올 시원함을 그리워하며
또 한 밤을 지새운다

폭염경보

뒤끝이 작렬한다
미세한 숨소리조차 낼 수 없다
잔인한 고요가 반짝거린다

막막한 잿빛 갯벌 위로
내리쬐는 핏빛 햇살
굵은 혈관이 터져 뿜어 나오는
태양보다 뜨거운 오늘은
일 년 중 가장 뜨거운 날
격렬하게 수다스런 결정체처럼
여러 개의 태양이 떠서
도저히 눈을 뜰 수 없다

붉어진 동공이 마주한 환상의 고리 안에는
리사이클장에 버려진 기억처럼
여름날의 축제가 하얗게 달구어지고
쉴 새 없이 쏟아지는 불볕은
잘 벼린 칼날이 되어
파랗게 내리꽂는 불꽃처럼
시리게 저며오다 뜨겁게 아려온다

지난 이야기처럼
세상은 온통 비상구여서
헝클어진 삶의 갈증에서 벗어나지 못하고
염밭처럼 목말라 헐떡거리다
언제부턴가 빨리빨리 오라고
악을 썼던 시간들에게 잘 있다가 간다고
도리어 다시 만날 시절에게 인사를 건넨다

어디쯤 왔을까
언제쯤 내릴까
갈맷빛 속으로
소낙비가 거세게 퍼붓는다

마음의 등대를 찾아서

주름진 세월이 펄럭이는
기억 속의 내 젊은 날은 혼자였었네

미끄러져 내려가는 검푸른 물결에
떠 있는 작은 목선이었지
방파제를 때려 일으키는 파도가
휩쓸어 버린 부표였었지
덧없이 흘러갔던 날들
기억조차 없는 캄캄한 날들
어리석은 시간이
어둠 속에서 하얀 이빨을 드러내었지

망망대해에서 표류하던 나는
무엇을 바라본 것일까
달빛마저 사라진 완벽한 고독에서
누구를 의지했던 것일까
절절히 포기하고 싶은 순간에
어떻게 다시 살아났던 것일까

이제 어디로 가야 하지
외항 끝 까만 바위섬에 우뚝 서 있는

반짝이는 작은 등대
'희망'이었네
삶의 어둠을 밝혀주는 등불처럼
길게 그리고 쉬지 않고
길을 밝혀주는 등대가 있었기에
나는 살아 있었고 사랑했었네

지친 삶에 화사한 등대가 되어 주었네

불꺼진 항구에서 영원히 꺼지지 않을
영혼의 불빛을 지켜주는 마음의 등대를
나는 찾았네
'희망'을 보았네

지친 삶에 화사한 등대가 되어 주었네

있는 듯 없는 듯

작아진 몸뚱이 하나
검푸른 심연이 일렁이며 흩어지면
짙어가는 노년의 숨소리를 듣는다

풍치 좋은 널직한 정자 밑에서
있는 듯 없는 듯
푸르디푸른 하늘에 한적하게 걸쳐있는 구름을 보면
간절한 심경도 지우고
애달픈 마음도 지운다

아무 데도 아닌 그 길에서
잘 머물다 가노라고
잘 있다가 가노라고
다시 만날 그날에게 가만히 인사를 한다

아무런 기대 없이 피었다가 지고
아무런 기약 없이 빛났다가 지는
꽃망울만한 삶이었다고 고백하면서도
한 번은 마음 가는 대로 외쳐보고 싶다

진정한 의미의 인연은 어디에 있을까

이제는 그냥 그대로 나이기를 바라면서
춤추고 싶다
말하고 싶다
아무데도 아닌 그 길로 계속 걸어가고 싶다

파란 꽃

서랍 깊숙이 넣어 둔
늦여름을 꺼낸다
끊어진 시간을 한 땀 한 땀 이어 붙이면
너에게로 갈 수 있을까

십 년 전 언덕 위에 핀 파란 꽃
아직도 꿈속에서 볼 수 있을까

밝은 듯 우울한
환한 듯 어두운
푸르스름한 눈동자를 들여다보면

찬란하게 죽었다고 생각했는데
바람의 뒷등을 넘었다고 생각했는데
종착역에 닿아 좋았다고 생각했는데

파란 하늘 아래
호젓하게 머물다간 자리
하늘하늘 꽃잎 보았네
별처럼 반짝거려 행복했네

너의 이름을 불러보았지
팔 뻗어 안아주었지
눈물이 아직 따뜻했지

그때 알았어
살아야 한다는 걸
다시 살아야 한다는 걸

그때 알았어
만나야 한다는 걸
또 만났어야 한다는 걸

십 년 전 언덕 위에 핀
파란 꽃

그동안 본 적이 있을까
꿈꾼 적 있을까
가슴에 묻어둔 적 있을까

새벽이슬처럼 반짝 스러진다는 것

파란 강물 위로 비추는 그림자였을까
돌아가 들여다보면
한 무더기 수레국화 눈동자처럼 고요하다

옛집

그해 늦은 여름
사라진 그곳을 지나게 되었다
사라진 돌담 너머에
조그만 소년들의 놀이터가 있었다
찢어진 흰 운동화 위로
토막 난 시간들이 일렬로 뛰어오른다

어린 친구들은 어디로 갔을까
싸릿대 걸쳐 논 삽작문 지나
꽃살문 있던 문지방 앞에 멈춘다
섬돌 위에 놓인 검정고무신
지워진 발자국이 껴안고 잠들었다

아버지 아버지
어머니 어머니
어디로 가셨을까

홀로 빈집을 지키던 문패마냥
쓸쓸히 마당을 훑고 있는 개 한 마리
삽살이였다
삽살이는 나를 알아보지 못한다

삽살이가 나를 보고 짖어댄다
삽살이가 아닐지도 모른다

햇빛에 증발하는 안개섬처럼
깊고 깨끗한 정화수를 담은 우물이 해를 품는다
뜨락을 지나 돌계단을 오르면
할머니가 하얀 손바닥을 비비며 치성을 드린다

천지신명 일월성신, 고수레
장독대에서 소원을 빌었다
큰 독 작은 항아리 솥단지가 깨어지고
작고 검은 돌무덤이 쌓여있다
시간은 시간을 두고 기억을 지워간다
편히 쉴 곳이 없다

삽살이가 그 삽살이가
옛사람을 찾은 듯 꼬리를 흔든다
잠시 비가 내린다
지나가는 비, 무지개가 떴다

동그랗게 앉아있던 아이들은 어디로 갔을까
신기루가 사라졌다
이제, 사라지지 않는 흔적을 만나러
외로운 침묵을 밟고 사라진 그곳을 찾으러 간다

옛날이야기

푸르디푸른 하늘
바람 불어 좋은 날

뜨락에는 감나무 고목 한 그루
가지 끝에 매달린 홍시
뚝 떨어져 불그죽죽한 낙엽 위에
터져 단내 풍기면
까치 몇 마리 소리 지르며 달려들어
쪼아 먹기 바쁘고
까치 울음소리에
장독대 고추장 항아리 열어 놓으면서
무슨 좋은 소식 있을까
담 너머 누렇게 익어가는
논길에 눈길 두시는 어머니

때맞춰 자전거 타고 오는 집배원
가쁜 숨 몰아치며

엄니 전보 왔슈
형태기 한티 왔는디
취직했다네유 하 한전에

〈

축하혀유

머릿수건 벗고 뛰쳐나와 반기며
고마워 고마우이

전보 엽서 받아 쥐며

우리 아들이 취직 했다네유
우리 형태기 우리 살렸어유
장한 우리 새끼!

부엌 굴뚝에서
모락모락 연기 피어오르고
푸르디푸른 하늘에는
동그라미 구름이 예쁘게 그려지고

졸업앨범

가로 3cm × 세로 5cm 흑백 증명사진
일렬로 늘어선 사진첩에는
빛바랜 검정교복 입은 까까머리 앳된 얼굴이
아득하니 잊혀진 이름 옆에 가지런히 붙어있다
3학년 8반 급훈, 알차게 공부하자
엄하셨던 담임선생님 희미하게 생각나고
수학여행 캠프파이어
나팔바지에 디스코 추던 추억들이 아련하다
허구한 날 공부만 한 영헌이
빵가게하던 호빵 호영이
중학 내내 반장이던 광열이
지난한 시간 속에서 부족하고 감추고 싶은
그 모습 그 세월이 그림자 되어 다가온다
잃어버린 졸업앨범이 타임머신 타고
단톡방에 올라와 칠순의 웃음으로
낭만열차를 타고 청춘여행을 떠난다

수상한 봄날

정말 곱구나 언제 피었니
조그만 움싹 포대기에 감싸여 있던 너 목련
하얀 꽃망울 겹겹이 피워내고
파란 하늘 벗 삼아 노래할 줄이야
봄바람 불면 폭죽 터지 듯
여기저기 흐드러져 여심을 흔들어 놓는다

어어 너는 개나리
철부지 아이 그림 마냥
군데군데 삐죽 내밀던 노란 꽃
이파리가 이다지 어여쁜 군락을 이루니
양지 녘 울타리가 눈부시다
나리 나리 개나리
동심으로 돌아가고 싶어 눈을 감는다
햇살이 너무나 포근하다

따사로움에 내 몸을 맡기고 싶어 밖으로 나간다
복사꽃 능금꽃 알록달록 봉오리 맺어지면
향기 그윽한 매화가 넓은 산야를 뒤덮는다
선녀가 내려와 비단옷을 벗어놓은 듯
청매 은은한 자태가 아름답다

오후 햇살에 쏟아지는 홍매화의 꽃잎
차라리 처연하다
산수유 네가 제일 먼저 꽃소식을 알리지 않았니
황금 왕관의 꽃모양보다는
있는 모습 그대로 수수함에 반해
그냥 편안하다는 느낌만 들어 그래서 좋다

졸졸 흐르는 조그만 계곡물가에
수줍게 숨어 피어 있는 건 진달래
연분홍 치마가 봄바람에 살랑거리면
그 어떤 누구도 설레지 않겠나
드문드문 소나무 사이로 불어오는
시원한 바람에 나부끼다 부르르 떠는
네 모습이 왠지 애처롭다
또 누군가가 즈려 밟고 가실는지

겨우내 물 담아둔 연못가에 수양버드나무
초록으로 단장하고 춤추러 마실 가고
늘어진 가지가 봄 바람난 상춘객을 꼬드긴다
질펀허니 노래판이 벌어지고
노곤해진 몸 기대어 한잠 때리면 이곳이 선계로다

수상한 봄
어제 다르고 오늘 다르다

아마 내일 봄은 또 다른 모습으로 올 것 같아

벚꽃이 꽃망울을 터트린다
화사한 네 모습에 반해
봄의 절정을 알리는데
올해는 유난히 급하구나
봄 출장 왔다 그냥 눌러 앉을 기세다

어떡하나 몸도 맘도 준비를 하지 못했는데
봄은 한참이나 와 버렸으니

벌써 꽃 잔치가 한창인데
뿌연 황사는 아직도 가시지 않았고
두터운 외투는 여전히 걸치고 있으니

어쩐 일일까
하지만 계절은 속이지 않는다고
봄은 왔다
아름다운 계절 봄이 왔다
생명을 살리는 봄
그 봄이 나에게 왔다
오늘 봄을 맞으러 간다

* 2014. 3월 이른 봄날에 성급한 꽃잔치를 이룬다

마곡사

돌 하나 위에 돌을 얹어 놓았다
푸르스름한 어스름이
산문 깊이 대웅보전 단청 아래 깔리면
이끼 덮인 세월의 몸짓은
조심스레 새벽의 정적에 묻힌다

댕… 대…ㅇ
천 년도 훨씬 더 지난 흔적이
무심히 흘러 사라졌다가 이내 기억된다
나무아미타불 관세음보살
무릎 꿇고 참선에 들었나
일어서면 다시 천 년이 훌쩍 되살아나고
어둠을 밝혔던 오색 연등은
대광보전 앞마당을 밝게 수놓는다

목탁 두드리는 소리탁 탁 탁 택택 탁
새벽 예불을 끝낸 아침 햇살이
오층석탑 아래로 작은 그림자를 그리고
응진전 앞 자목련 꽃잎이 이울면
움추린 어둠은 문득 한낮이 된다
나는 마곡천 징검다리를 건너
해탈문을 지나 환하게 웃는다

제4부
5월의 고백

봄, 부르고 싶은 이름이 되어

언덕 너머 다소곳이 핀 들꽃되어
음악을 만나 사랑을 하고
강물 따라 휘드러지는 작은 잎새처럼
리듬을 타고 춤을 추다가
숲속 아련히 흔들리는 슬픈 꽃잎 보려
이별 속삭이면 엷은 속살 아파
얼굴을 묻는다 바람은 불고

간혹 네 안에 들어갔다가
말없이 네 안에서 나왔었지
그때마다 끝까지 포기하지 말자며
아름다운 생의 창문을 열고
잃어버린 시간의 모서리를 찾아
기억을 맞춘다 꽃은 피고

먼 듯 가까운 듯 속삭이던 봄날
감춰두었던 그림자 햇살 문지르면
절절히 배어 적시는 연둣빛
기억상실되어
눈처럼 쏟아지거나 바람처럼 사라지거나
그리움 쓸어안는다 사랑은 물들고

〈

그런 나이기에 어쩔 수 없이
꽃인 양 그리움을 끌어안고
지울 수 없는 상처 익숙해지려고
한 사람을 향한 아련한 눈빛
가슴 터질 듯
애틋하게 배어나는 처연, 쏟아낸다
점점 더해지는 사무침, 서글프다

봄볕 졸음

봄 햇살이 눈가에 머물면 그녀가 찾아온다
아스라이 라이락 향기가 스쳐 지나갈 때쯤 그녀가 온다
따사로움에 온몸이 광합성 되어 노곤해지면 그녀는 온다
그녀가 흔들리는 차창에 간닥간닥 머리를 기댄 채 풋잠에 빠져든다
잃어버린 시간들이 그녀에게 속살거린다

청룡열차가 구름 위를 달린다
분홍 솜사탕이 재잘된다
장미꽃에 반했던 첫사랑이 유혹한다
셀레임이 하나 가득
달콤하게 젖어있는 눈두덩을 살살 달래준다

그만 그만,
안 된다고 떼어내도 더욱 더 안겨버리는 그녀에게
나는 흠칫 나도 모르는 고백을 한다
어깨에 기대면 모차르트 선율이 살랑살랑 자장가 되어
아직 돌아가지 않은 그녀를 또 만난다

꿈결에 햇살이 코끝을 간질어대면
아쉬움에 희미해져가는 그녀를 붙잡아 두고 싶어
나는 정류장을 지나친다

제비꽃

야트막한 언덕배기 수풀
다소곳이 주저앉아
봄바람에 살랑 흔들리는 알록달록 꽃을 보고
그저 '이름 모를 들꽃'이라 하지 마세요

이름도 비슷비슷
생김도 비슷비슷
기억에 남은 이름이 많다고해서
너무 쉽게 부르지도 말하지도 마세요

작다고 지나치지 마세요
그 추운 겨울 얼었던 돌 틈 사이로
눈 녹듯 얼굴 내밀어
환하게 피어나는 삶의 절정을 그리며
온몸으로 감싸며 뜨겁게 꽃을 피웠으니까요

흔하다 무시하지도 마세요
외진 곳 아득한 빛깔
누군가를 진정코 사랑했기 때문에
누군가를 간절히 원했기 때문에
봄날 이야기처럼 쉽게 지우지도 버리지도 못하니까요

어차피 알아주지 않겠죠
꽃 피고 지는 게 찰라이기에
바람에 스러지는 엷은 숨결은
연둣빛 풀밭 아래로 미친 듯 숨어버리고
하얀 봄날 꿈은 나비되어 날아가 버릴테니까요

진달래

보고 싶다 보고 싶어
당신이 나의 가슴에 왔을 때는 이른 봄날
꽃들이 환한 봄빛 속에 무릇
피기 시작하고 문득 당신도 왔습니다

보고 싶었어요 기다리기가 힘들었어요
겨우내 숨죽이고 목말라했지요
당신이 그리워 이 봄 더 이상 참지 못해
화들짝 당신 품에 안기었습니다

오래전부터 당신은
나의 시 나의 노래 나의 고백이었어요
영영 지워지지 않는 애끓는 사랑의 봄날로
남아있었죠 살아있었죠

앙증스런 개나리도
화사한 벚꽃도
수줍은 목련도
더이상 나의 마음에 머물지 않았습니다

불타는 듯 가냘픈 몸짓

바람에 살랑 흔들리며 밀어를 쏟아내네요
손을 내밀어 나를 잡아주네요
행여 봄날이어서 그렇지않겠죠

피고 지고 또 피고 지면
붉은 사연을 켜켜이 쌓아놓고
가슴 풀어 봄밤 하늘을 바라보네요
꽃무덤에 들어간 당신 방이 발그스레해지네요

화냥질이라 욕하지 마세요
미친 짓이라 탓하지 마세요

어쩔 수 없었어요
화려한 봄날 만나자 이별이잖아요
마음속으로 외우던 붉은 자국 하나 남겨 놓고
가버리잖아요

당신이 오는 계절
일찍부터 나는 기다립니다
발갛게 불이 붙을 때까지 기다립니다
그러면 당신은 피고
사랑에 겨운 나는 말없이 지고 맙니다

벚꽃으로 지다

조요하며 짧은 그날이 수상하다
얄궂을 정도로 쌀쌀해
소풍 간 아이들이 걱정이다
희다 못해 눈이 부신 떨림은 바람 앞에 속살을 드러낸다

아슬아슬하다
서로 엉켜 보다듬던 아이들
실타래 같은 사연을 가진 하늘을 원망한다
겨우 열여섯 해를 피웠는데
하늘하늘 꽃비가 쏟아진다

가슴만 뜨겁게 만들고 한 잎 두 잎 시들어간다
사월의 그날에 바람 분다 봄바람 분다

꽃이 진다 봄이 진다
예고도 없이 하룻밤에 진 꽃 그날이 야속하다
꽃잎 떨어져 나비되어 멀리 날아간 건 그날 아침이다
부둣가에 수줍게 포개놓았던 분홍 꽃신을
새벽이슬 위에 벗어 던진다

여린 연두색 잎사귀가 쑥쑥 올라온다
사월의 그날에 바람 분다 꽃바람 분다
유리처럼 부서져 흩날린다 세월이 간다
그래서 그날이 그 세월이 아프다

환장할 봄 잔치

과로한 햇살이 몸져누웠나 보다
문지방을 건너 들어온 봄볕이 속살을 간질이면
홍안의 수은주는 꽃 걸음을 재촉한다
졸음기 가득한 담장 너머로 꽃잎 바르르 떨구던
매화가 살포시 고운 미소를 내어 놓는다
누굴 닮아서일까
금실에 시침하던 산수유는 노란 꽃 자락을 툭 내밀며 깔깔대고
소도록하게 싹을 틔어낸 상사화
불쑥 고개를 내민 꽃무릇과 비교하지 말라며 튼실하게 자리를 깐다
빗방울 흠뻑 머금은 몽우리는 계절의 순례자다
두 손 모아 기도하던 목련이 벙긋하게 꽃 속에 꽃을 피우니
마침내 아무도 모르게 앙금질한 꽃시계는
주름진 탄성으로 벚꽃을 터트린다

심장에 봄을 들여놓았나 보다
할 수만 있다면 오늘 하루쯤은 봄만 마주하고 앉아
봄의 노래를 가슴으로 내어 받아들여야지
꿈꾸는 봄의 기둥에 입술을 맞추고

은빛 도는 햇살 속에 고운 기억의 풍경을 담아
연분홍 봄꽃 기차에 몸을 싣고 어디론가 떠나고 싶어진다
환장할 봄의 잔치에

봄, 지랄스럽다

유난히도 빨랐나 봅니다, 아니면
기다림이 짧았나 봅니다, 그도 아니면
그리움이 적었나 아니 무심했나 봅니다
이렇게 서둘러 오실 줄 몰랐습니다
그런 당신이
가까이 하기에 너무 먼 당신이 되실 줄
꿈에도 생각 못했습니다
꿈이길 바랬었는데
이젠 당신이 가까이 다가와도
당신에게 다가갈 수 없답니다
영 그렇답니다

언제부턴지
선홍의 노을이 낭자하게 물들었습니다
꽃잎은 바람에 흩날리고
혼자 가두어 둔 신음을 앓게 되면서
가지 못한 길에 남아있었습니다
추임새를 놓아 보아도
트롯트에 빠져 보아도
코끝에 스민 당신의 향기에 미치지 못한답니다
힘들지 않고 꽃이 필 수 있나요

아프지 않고 환희를 볼 수 있나요
기다리면 견디면 이겨낼 수 있죠
길어도 결국은 잠깐이랍니다
지랄스러웠다고
겉돌고 헛돌아도 언제나처럼 제자리를 찾아가는
이 봄이라고, 봄이었다고

5월의 고백

붉은 햇살을 받아 마신 오월
펼치지 못한 기억의 한쪽을 기워낸
넋풀이가 흘러간다
동그란 파문을 그린 너의 노래는
금남로를 따라 망월동에 깊이깊이 뿌려진다
'임을 위한 행진곡'

서울의 봄날이 오기도 전에
너는 한없이 비틀거리고 무너지고 깨어져
끝내 하얗게 부서져 버렸다
너는 슬픔을 이마에 얹고
가슴 밖에 기대어 눈물을 흘리는 여자
두 손을 모아 기도하는 슬픈 조각은
장미꽃처럼 빨갛게 떨어지고
피멍든 심장은 땅속에 묻혀 버렸다

원망한 세월이 그 얼마냐
너의 이야기는 한 맺힌 시간을 나눈 궤적의 그림자
들려오는 독백이 되어 허공을 가른다
벌거벗어도 벌거벗은 줄 모르는
검은 망령은 붉게 스며 거짓의 눈알을 굴린다

오래전에 담아둔 기억을 열어보니
오래전에 넣어둔 사진을 꺼내보니
거꾸로 매달아 놓은 시간만 오롯이 다가선다

세월은 저만치 흘러도
너의 절규는 그대로이건만

누군가에게는 어스름 남아 있는 동공
아직까지도 껴안지 못한 한쪽의 드라마이기에
너는 지금도 아프다
그래도 마디마디 새겨 놓은 언약이
젖은 그림으로 뭉그러질지라도
네가 올 때마다
다시 올 때마다 지워지지 않는
가슴속 상흔의 여운 만큼은 끝까지 남겨두고 싶다

배롱나무

희불그스름한
여명 속에 눈을 감고 있었다
아침을 기다린다고 생각했는데
늦여름 햇빛 속에 서 있었다

백 년쯤
시간이 흐른 것 같은데
백 년쯤
꿈을 꾼 것 같은데

마른 삭정이처럼
죽은 줄 알았는데
정말 죽어서 좋다고 말했는데
펑펑 불꽃을 터트리며
솜사탕처럼 환하게 웃는데

그때 느꼈네
다시 살아야 한다는 것을
그때 알았네
다시 기다려야 한다는 것을

도로 눈을 감으면
깊은 파문이 번져 나가고
진한 향기가 퍼져 나가고
소리 없이 꽃비가 내리고

뜨거운 아스팔트는 선홍빛으로 물들고

월하미인

- 선인장꽃

하얀 달빛이 조요하고 짧은 밤

차가운 땀방울이 흘러내린다
혀에 돋아난 낯선 실루엣이 목줄기를 타고 침샘을 넘기면
날갯짓하는 속눈썹이 가늘게 떨린다
순간, 몸이 잘게 부들거리며 알 수 없는 긴장감이 흐른다
호기심이 한 자락 드러난다
사르르 매끄러운 비단결 소리가 들린다
곱슬거리는 주홍빛 머리카락이 창백해진 얼굴을 감춘다
이제, 바람의 볼이 송글송글 일렁이면
펼쳐지는 옷 벗는 소리가 조용히 흐른다

고개가 가련히 떨궈진다
오갈 데 없는 큰 눈망울이 매혹적이다
비죽이며 올라오는 눈물을 속으로 삼키며
설운 입술로 이야기한다
또다시 하얀 겉옷 한 겹이 느릿하게 벗겨지면
창으로 들이치는 향기가 처절하다

〈

벗겨진 옷들이 흐트러진다
고운 살결과 아름다운 자태에
나신이 하얗게 드러난 여린 몸이 엎드린다
이제, 실루엣에 가려진 잠든 밤이 지나니
새벽녘 슬픔은 정녕 말이 없다

넝쿨장미

너였을까
달빛 아래 봉긋이 자지러지며
심장 깊이 묻어놓은
그리움을 털어내지 못하고
끝까지 붙잡고 매달렸던
이유!

격렬하게 때론 가만히
서로를 타고 넘어
가슴으로 비비며 핥고
또 찌르며 아파해도
햇살 붉어져 보였던 것은 빨갛게 물들어
그렇게 뜨거울 수 없었는데

가까이하면 할수록
따뜻하게 품어 올리는 체취
사라락 피어나는 향기
아찔해! 아득해!
그래서 너를 사랑할 수밖에 없어

겹겹이 매단 가슴 저림이

찢겨질까 꺾여질까
깊은 떨림 속으로 빠지면
미치도록
너를 바라볼 수밖에

자귀나무 꽃, 그 사랑 이야기

밤 구름 비껴난 자리에 조요한 달빛이 나들이 나선다
그 빛은 당신이 나에게 불러주는 사랑의 세레나데
당신의 눈 속에 비추어진 밤달이 잠잘 방으로 들어온다
말하지 않아도 들리지 않아도 당신을 알기에 그냥
달빛은 빛났다 즐거웠다

연분홍 꽃살이 펼쳐지는 여름밤은 유난히 짧았다
당신은 나의 사랑 그 밤에 당신은 꽃술에 취해 나의
어깨에 기대어 살포시 잠들었고 나는 당신의 어깨
를 안아주었다
꽃 향은 내 볼을 빨갛게 물들이고 내 입술은 몹시
떨렸다 후회없다

유월의 햇살이 당신 눈 속에서 솜사탕처럼 환하다
태양이 제 몸을 벗어던질 때 우린 뜨겁게 사랑했다
고 마주치는
눈빛이 웃으며 대답했다 기뻤다
바람 일렁이면 내 심장의 꽃송이는 기약 없이 피었
다가 떨어지고
마음을 다 준 당신은 확 터져버린 불꽃처럼 절정이
었다가

추억이 되었다 슬펐다

내 눈썹에 그려진 계절이 짙어가고
내 눈에 걸쳐진 낮달이 엷어지면
스르르 벗어버린 면사포처럼
활짝 펼친 공작 날개처럼
가슴 두근대게 하던 곱디고운 당신의 춤사위는
뜨거운 사랑만 남겨 놓고 기억 너머로 사라진다 아프다

똑똑 빗방울 떨어진다

달맞이꽃

해질녘
짙은 청색 하늘에 번져가는 붉은 노을
진한 여운 너머로 사무치게 사라진다

아파트 후문을 벗어나
언덕길 따라 난 산책로로 접어들기 직전
전원주택 개발지 빈터에
노랑 꽃 하얀 꽃
한 무더기 꽃들로 무성하다
그냥 들꽃인 줄 알았는데

꽃이 피는 소리
꽃이 지는 소리
꽃이 노래하는 소리
꽃이 춤추는 소리
꽃이 떠드는 소리
꽃이 흔들리는 소리
꽃이 부딪히는 소리
낮과 밤에
사뭇 다르게 다가오는 소리
달맞이꽃이라네

〈

그리워하다가

보고파하다가

영영 지워지지 않을 달밤을 찾아

노란 꽃잎 입에 물고 활짝 피운다

길가에 나리는 꽃 향은 수줍은 양

달빛 흐르는 들길을 깊이 물들인다

눈길 닿는 곳

지난 기억의 의미를 가슴에 묻고

변치 않은 마음을 받아보고 싶었다

보고 싶다 정말 보고 싶었다

끝까지 변치 않을 꽃으로 피어나고 싶었다

하얀 망초도 덩달아 바람에 흩어진다

달맞이 길

내 젊은 그날
어둠이 내 마음속을 뚫고 들어온 그날

해운대 달맞이 길에는 별빛이 쏟아졌고
검푸른 바다 위로 부서지는 파도는
하얀 거품을 토하며 오열했다

아무것도 남지 않을 것 같은
아무것도 알 수 없을 것 같은

그 해변
그 숲
그 언덕에도

지나칠지도 모를 어둠이 익어 가면
은하에서 돌아 나온 달꽃이 피어난다

휘어질 듯 가녀린 꽃대궁에 의지하며
기다리다 숨져버린 꽃잎에

순전한 빛깔과 수줍음

뜨거운 가슴과 사랑을
하얗게 지우면서 아프게 집어 넣는다

내가 마음에 들어, 라고 물어보면
조용히 날어안고
그래 같이 있을래 오래 있을래

하늘이 밝아온다

분사된 햇살이 달콤한 절망처럼 번져오면
옹송그린 달꽃은
먼길 돌아온 길
되돌아가야 할 길에서 물어본다

내 젊은 날이 거기에 있었는지
내 환한 날이 거기에 있었는지

자작나무의 고백

한 올 바람을 머리에 이고 마주선다
잔결, 소리 깊은 저 너머 숲길에서
갯물이 어지럽게 번져오면
시간의 호흡이 거칠게 뱉어낸
잿빛 물든 생의 풍경으로 오롯이 빠져든다

애틋한 다가섬은
그저 그렇게 들려오는 독백처럼 허공을 맴돌고
주름진 살갗은 펄럭이는 녹음 속에
작은 메아리 되어 자꾸 지워진다
어슷한 가지는 지탱하기 버거워
춤추는 그림자 뒤로 잎사귀를 숨기면서까지
참고 참으면서도
가슴 언저리에 하얀 불을 지펴
식지 않은 숯검댕이를 만들었다

언제부터 흔들렸을까
아무도 기억되지 않는 나른한 흔적을 더듬다 보면
벌거벗었어도 벌거벗은 줄 모르던 체신은
오래된 침묵을 밟고 또 다른 껍질을 입는다
이제 입을 꾹 다문 그들은 젖은 그늘에서
누군가 껴안아도 좋을 가슴을 내어주고 싶을 뿐

복수초

바위 틈
봄눈 살살 녹아 살포시 가리우고
솜털 줄기 여린 바람에 살랑 흔들리면
노란 병아리 알에서 깨쳐나오듯
꽃봉오리 툭 하고 불거져 나와
벙긋 웃는다

아이…, 고와라
고개 내민 꽃잎 향에
봄이 슬몃 곁에 앉는다
노랗게 노랗게
봄이 조금씩 조금씩 쌓여간다

밤꽃 피는 밤

그때일 거야
당신이 나의 기억 속에서 걸어 나갈 때
알듯 모를 듯 마음을 다 내주고
심장 너머로 깊게 아파했었지
일렁이던 봄은 허기진 그리움을 채우지 못해
아무 기척 없이 떠나 버리고
짤막한 생애의 짧은 사랑을 고백하려
새로 찾아온 여름에 멋쩍게 안겨버렸어
환한 빛들은 끝없이 내 이마를 짓눌렀지만
아파할 수 없었어
정말 아팠어 지금도 아프고
어제만큼 오늘도 깨지지 않을 영원에 머물거니까

나붓나붓 쌓이는 달빛
엉클어진 머릿결 위로 쏟아져 내리고
바람에 흥얼거리는 곡조처럼 몽실한 마디마다
터질 듯 터질 듯 뱉어내는 신음소리
낯선 내성으로 흥얼거리면
달빛 춤사위는 빛나는 파편처럼
하얗게 퍼져 은밀하고 부드럽게 몸을 뒤집네
농익은 밤의 냄새는

별이 사라질 때까지 남아있고
채밀하려는 벌들은
엉킨 여름밤 속으로 사납게 달려들고

그때일 거야
언제나처럼 지워버리고 싶은 일이었지만
수치감이라 할 것까지는 아닌 것을
신열을 앓던 사람처럼 허물을
꽉 잡은 손마디에 힘을 주고
조여드는 몸뚱이를 돌려세워
오래된 날씨같이 쉽게 들어갈 수 있었지

군불 지핀 심장은 끝없이 끓어오르고
어두컴컴한 여름밤 가녘에서
주소 없는 밤꽃 송이는
하냥 아픈 시간 속으로 뚝뚝 떨어지고

이제 가을이다

탁본한 여름이
길게 이어진 검은 흙길을 따라
아주 천천히 아주 천천히 걸어간다
순례자의 길처럼…
바야흐로 붉게 영글어가는 계절엔
타는 냄새가 진동했다

진홍빛 태양이 넘어가는 서쪽 하늘로
팔월 늦더위가 앓아누웠다
펄펄 끓는 신열에 아프다고 악을 써대고
뚝뚝 떨어지는 식은땀을 훔쳐내기 바빴다
오래전 모퉁이를 돌아온 높새바람
숨소리조차 들리지 않았다

이제 갈 수밖에 없는 그 길을 가야 한다고
지워진 이름조차 살아나
슬픔보다 더 슬픈 목소리로 외쳐본다
진성과 가성 사이를 오가는 부르짖음에
담벼락 꽃잎이 풀썩 주저앉는다

지금은 분명 떠나가야 할 시점

떨이로 끼워 놓은 볕살이 휘청 몸을 비트는 무렵
밤새 달려온 바람이 문지방을 넘는다
먼길 돌아온 늙은 아비처럼
조용히 사립문 열고 들어오신다

의지가지없이 땅 위에 홀로 핀 구절초
위태롭게 흔들거리며 허공에 몸을 던진다

시월

시월아 시월아 언제 왔니
꽃잔치 벌여놓고 살랑살랑 향기에 취해서
오색장단에 맞춰 널브러지던 오뉴월이 엊그제였는데
늦장마에 애태우다 알 듯 모를 듯 고백에 빠져
불타는 사랑 나누던 한여름 밤이 어제만 같은데

오늘 국화 향에 묻혀 곤한 잠 들었더니
시월이는 누런 은행알 툭 떨어뜨리고
새벽이슬을 데리고 오는 듯 오더라
햇살에 반짝이던 초록빛은 단풍나무를 빨갛게 물들이고
책갈피에 넣어둘 빛바랜 낙엽처럼
내 안에 있는 내 정을 쓸어안고 멀리 날려 보내겠지

잊혀진 계절마냥…

단풍

바람 한 번 지나가고
구름 한 번 지나가면
은행잎이 떨어진다
툭 툭 탁탁 툭툭 탁탁
저 너머 소리가 깊다
떨어지는 은행잎 위로 무성한 색깔은 짙어가고
알알이 여문 심정을 털어낸다
열정적이고 붉은 단풍이 반짝일 때
또렷한 목소리로 심장을 노크하며
사랑의 주문을 외운다
단단하고 조그만 전설이 귓불에서
달콤하게 녹아내리면
전할 수 있는 가장 작은 목소리로
너의 이름을 부른다

그리고 나는 기차를 탄다
단풍으로 빨갛게 차려입은 기차를 탄다
기차는 노랗게 물든 종착역에 내려줄 것이다

단풍, 그 오르가슴

빨간 십일월
오늘 아침에 입술이 마신
가을비가 올라온다
귓불을 만지작거리는 숨소리
빙글 아찔하다

취기에 다리가 풀려
휘청거리는 눈빛
쏟아져 떨어지는 잎 잎 잎
문신을 그리며
꽃이 진다 노랗다

활활 타오르는 심장
어디에서 태어났는지
어느 곳에서 자라났는지
미칠 것 같아 미쳐버릴 것 같아
그냥 엎드러진다

바람이 불어
바람은 왜 부는 것이냐 물으면
온몸이 성감대여서

빛깔이 욕정이 처절이
불꽃이 되어 아프다

그녀 몰래 숨겨둔 여자
두근두근
붉은 새떼가 되어 날아온다
지울 수 있을까
그림자 뒤따라가면
온통 절정이다

상고대

너는
눈의 정령이 만들어낸 비화
바람의 문신 이슬의 결정
그리고 아픔이었다

하얗고 환한 내 방에는 아무도 없었어
절망과 희망 사이
골을 따라 길고 깊게 들려오는 사각거림
을씨년스런 바람 안쓰런 몸짓
뼛속을 흐르는 골수처럼 내밀한 율동뿐
손을 내밀어 마음을 전해줄
사랑을 하고픈
너, 내 방에 없었어

끝이 없다고 내 안에 의미가 없는 건 아니지
앞으로 나아가는 걸 멈출 수는 없어
박수치면서 흐느적거리는
나뭇가지마다 걸리는 아침 서리
얼기 서려 맨 몸을 얼려버리면
밋밋한 실망의 표면에서 길어 올리는
짝이는 사금파리

절정이었지 그 고통이

이파리에 성긴 고뇌
견딜 수 없던 마음의 슬픔 밀어냈지만
차곡히 쌓은 세월의 기억은
아픔의 맨얼굴로 조심스럽게 다가왔지
너는 나의 베프, 조용히 감싸는 위로의 목소리
사랑처럼
여행처럼
시처럼
여백으로 써내려 갔었지

냉철함의 새벽은 지나가고
햇살과 함께 적막이 산허리를 두드리면
혹독한 바람에도 줄기를 꼿꼿히 세우고
눈雪에 젖은 잎은 꽃을 피우지
그리고
따뜻하게 나를 맞아주지
어슴푸레한 표정 낯익은 느낌
너를 기다리는 유일한 이유였어

늦가을

아무데도 아닌 길을 무작정 따라 나섰다
그 길에서 만난 풍경들이 다소곳하게 이야기한다

산허리를 감싼 안개 허리춤이 느슨해진다
인적 없는 암자의 툇마루를 끼고 돌면
널브러진 시간을 밟고 지나간 햇살이
어느덧 정오의 산기슭을 넘어가고
붉게 물든 잎살을 두드리던 살랑 바람은
툭툭 발길질하며 비탈을 따라 내달린다
아무 말도 할 수 없었다
아무 것도 할 수 없었다
모든 것이 멈춰 선 듯 가만히 눈을 감는다
아무 데도 아닌 평온한 길로
한 걸음 한 걸음 옮겨 놓으면
아주 조금씩 그리워진다
아주 조금씩 외로워진다
어렴풋하게 그리움이 헷갈림 되어 머문다

어디쯤 와 있는 걸까
저 기억 너머 두고 온 끈적한 자국을 더듬는다

연분홍 복사꽃 과수원을 지나
하늘하늘 망초 묵정밭을 지나
이끼 낀 검은 돌길을 지나
울울창창한 소나무 숲길을 지나
한산한 계곡 골짜기를 지나
눈 덮인 바람개비 고원을 지나서
안개 가득한 호수를 지나니
작아진 몸뚱이 하나
검푸른 심연에 일렁이며 흩어진다

짙어가는 노년의 숨소리를 듣는다
풍치 좋은 널찍한 정자 밑에서
있는 듯 없는 듯
푸르디푸른 하늘에 한적하게 걸쳐있는 구름을 보면
간절한 심경도 지우고
애달픈 마음도 지운다

아무데도 아닌 그 길에서
잘 머물다 가노라고
잘 있다가 가노라고
다시 만날 그날에게 가만히 인사를 한다

아무런 기대 없이 피었다가 지고
아무런 기약 없이 빛났다가 지는

꽃망울만한 삶이었다고 고백하면서도
한 번은 마음 가는대로 외쳐보고 싶다

진정한 의미의 인연은 어디에 있을까
이제는 그냥 그대로 나이기를 바라면서
춤추고 싶다
말하고 싶다
아무데도 아닌 그 길로 계속 걸어가고 싶다.

작품해설

성실과 봉사로 다져진 평판의 시학

- 김 순 진 (문학평론가 · 고려대 미래교육원 시창작강사)

작품해설

성실과 봉사로 다져진 평판의 시학

김순진

이 세상 모든 생물의 생명은 유한하다. 오래 살고 싶은 사람을 꼽을 때 우리는 가장 먼저 진시황을 꼽는다. 불로초를 찾아오라 이르며 영생을 꿈꾸던 그는 겨우 50세에 객사했다. 그가 지금껏 세인의 입에 오르내릴 수 있었던 것에는 네 가지의 실수 때문이다. 첫 번째 실수는 진시황 즉 통일 중국의 첫 번째 황제란 칭호 때문이다. 진시황이란 글자를 하나씩 해석해보면 나라 진晉, 처음 시始 임금 황皇으로 그 이전까지는 임금이라 불렀지만, 그로 비롯해 황제, 즉 우주만물을 관장하는 조물주의 반열에 올랐다고 스스로 천명한 것인데, 고작 50세밖에 살지 못한 인간이 천자라니 가소롭기가 그지없다. 두 번째 실수는 만리장성萬里長城의 축조다. 인간의 힘으로 그 큰 돌을 쌓았는데, 그 길이가 무려 1만리一萬里에 이른다고 하니 얼마나 많은 젊은이들이 채찍을 맞으며 일하다 희생되었을까? 생각하면 화가 치민다. 외교와 군사를 강하게 하면 될 일이지 왜 그리 무모하게 긴 성을 쌓았을까? 세 번째 실수로 분서갱유焚書坑儒를 손꼽을 수 있다. 진시황은 자기 정책에 반기를 드는 유학자들을 시기하여 “기술 서적 외에 모든 경전과 역사서를 불태우고, 모든 유학자를 구덩이에 파묻어 죽여버려라.” 명령하고 실제로 이를 시행하였다. 사람이 어떻게 그리 미련할 수 있을까? 네 번째 실수로 진시황은 영생을 꿈꿔서 수많은 부하를 시켜 불로초不老草를 구하려고 백방으로 노력했으며, 죽어서도 그의 무덤 속에는 수많은 토기와 함께 실제로 엄청난 숫자의 산 사람과 동물을 함께 생매장했다. 진시황은 인간으로 범해서는 안 될 실수를 수없이 자행한 인간의 탈을 쓴 악마였다. 그는 수많은 악행으로 50세의 삶을 살았다. 천벌을 받은 것이다.

내가 왜 이형근 시인의 시집에 진시황의 이야기를 꺼내는가 하면, 이형근 시인이 이 시집을 내고 있는 지금 그는 말기암 환자다. 현대의학이 그렇게 발전했다지만 그의 생은 촌각에 달렸다. 지금은 70세가 청년 같지만 50년 전만 해도 환갑을 사는 남자는 그리 많지 않았다. 대부분의 사람들은 좋은 직장과 좋은 집, 좋은 차, 부자로 사는 것을 꿈꾸지만, 그것이 인생의 목표가 될 수는 없다. 인생의 목표는 성실하게 사는 것, 봉사하며 사는 것, 평판 좋게 사는 것, 책 한 권 내는 것 정도의 소박하지만, 후세의 사람들이 그를 그리워할 수 있어야 하는데, 70년을 살아온 이형근 시인의 삶은 이를 모두 충족한다. 나는 이형근 시인의 삶이 악행을 저지르고 산 진시황의 삶과는 평가 자체가 다른, 훨씬 멋진 삶이었다고 평가한다.

그럼 이쯤에서 그의 시 몇 수를 읽어보면서 그의 마음세계를 들여다보자.

1. 치열한 삶의 관찰

24시 엘이디 간판이 인디밴드가 되어 새벽을 두드린다
구석구석 차려입은 누더기는 점점이 박힌 흙터처럼
남구로역 교차로를 따라 삶의 능선을 도리질한다
어둠을 삭이는 희멀건 빛이 물구나무를 선채 회칠한 벽을 따라 곤한 춤사위를 벌리면
차디찬 공기는 폐부를 찌르고 움츠린 바람 풍선들이 옹기종기 모여든다

펄럭이는 시선이 스펙을 따져 묻는다
소금에 절여진 검은 불안이 정수리를 타고 힘들게 붙잡고 있다
순간, 경험과 숙련된 기술이란 잃어버린 말을 찾아 포장한다
미묘한 흔들림이 교차하며 손가락의 작은 신호에
내 번호가 귓바퀴를 타고 메아리 되어 울린다
주춤거리던 출입문이 따라나서고 휴 하는 한숨의 땟국물이 눈 자국을 찌른다
허기를 메워준 휴식 없는 입술이 지금은 만사 오케이라며 마냥 좋아 중얼거린다

(중략)

지나가는 바람처럼 그저 그렇게 살려고 기억의 단식을 놓은

지 오래였건만
서로 다른 시간에 맞추어진 톱니바퀴처럼 뒤를 돌아보면
채워지지 않은 또 다른 바람풍선은
막걸리 한 잔에 허탈한 사연을 찾아서 허공을 가른다

-「남구로역 인력시장」 부분

이 시는 소시민들의 사람을 작가의 시각으로 바라본 시다. 나도 한때 인력시장을 전전하며 살았던 적이 있다. 인력시장 앞에서 팔려 가지 못한 서너 명의 인부들이 새벽부터 소주병을 자빠뜨리고 있다. 자빠지는 것이 어디 소주병뿐이랴, 얼큰해져 발걸음을 옮기니 갈 곳이 없다. 벌건 대낮에 집으로 가자니 마누라 눈치 보이고, 신문을 샅샅이 뒤지며 공원을 전전하다가 남들 점심 먹으러 갈 때 신문지 얼굴에 덮고 벤치에 누워본다. 겨울은 다가오고…, 벌어 놓은 돈은 없고…. 하루 종일 끌탕하며 자빠뜨린 몸뚱이 일으켠다. 집으로 들어서려니 아빠 기다리는 딸아이가 생각나 달랑 백 원짜리 추파춥스 한 개 사 주머니에 넣고 반기는 딸을 맞는다. 밤늦도록 잠은 안 오고, 마누라는 아무리 자빠뜨리려고 해도 서낭당 등걸처럼 줄을 치고 잔다. 마루에 나와 쓰레기통에서 담배꽁초를 찾아 물고, 화투장 재수를 띄어 본다. 내일은 팔려 갈 수 있으려나…. 나는 젊은 시절에 여러 번 사업에 실패해 인력시장을 전전하며 그런 삶을 살았다. 그리고 노점에서 밤새 붕어빵과 어묵을 팔다가 마침내 깨달았다. 내가 왜 인력시장을 전전하지? 내가 왜 운전사나 창고 정리관리자로 취직하려고 하지? 이제부터 나는 내가 가장 좋아하는 시를 쓰러 간다. 그렇게 생각하고 42세에 출판사를 차리고 잡지를 창간해 오늘에 이르렀다. 이형근 시인의 이 시는 인부와 사용자, 인력시장 주변을 바라보는 시각에 긍휼함과 애틋함이 묻어있다. 사실 인력시장에 나온 인부들에게 스펙이란 돼지 발에 진주와 같이 소용이 없는 것인데, 이형근 시인은 이를 예리하게 파헤친다. 그리고 팔려 간 사람과 팔려 가지 못한 사람들 사이에 연과 새로운 연聯이 놓인다. 이 시인은 직업을 얻어 가게를 홍보하고 있는 '바람풍선'을 보며 팔려 가지 못한 인부의 마음까지 돌아본다. 그리고 허탈한 사연을 지닌 인부에게 기꺼이 막걸리 한 잔을 권하고 있다.

> 마침내 울렁거리는 생을 마감하고
> 바다를 걸어 나와 처음 맞닥뜨린 차디찬 낯섦 속으로 빠져든다
> 모든 걸 내려놓기로
>
> 밤하늘 달물 고인 산속은 언제나 자애로워
> 나 같은 미물도 허락하신다
>
> (중략)
>
> 스물이홉 날, 누워만 있어도 시간이 잘 간다

언제 죽어도 죽을 몸이었는데 잘 죽을 수 있을 것 같다

맑고 청량한 봄바람이 온몸을 감싸니 힘이 난다
은혜일까 사랑일까 삼십오일 째

꽃샘추위에 보드란 노란 속살이 돋아나고
깡마른 자태에서 윤기마저 흐른다

사십일, 구부러진 등 뒤로 십자가를 진 듯
햇살을 받아 퍼지는 윤슬이 반짝인다

수리가 깊다
저 너머 흔들리는 영혼이 다시 깨어난 듯

나는 구원을 얻었고 진정한 환골탈퇴가 이루어졌다
횡계 덕장에서

- 「황태기黃太記」 부분

이 시는 황태의 일생을 날짜순으로 기술한 명태의 일대기다. 명태가 잡히기부터 덕장에 매달려 40일이 지나기까지의 일상이 시인의 특별한 시각으로 진술되고 있다. 명태란 이름의 유래는 이유원李裕元의 『임하필기林下筆記』에 나온다. 조선시대에 어부가 물고기를 잡아 도백道伯(도지사)에게 진상했다. 명태국을 먹어본 도백은 너무 맛있어서 이름을 물어보았으나, 신하들은 모른다고 했다. 도백이 "어디서 누가 잡아온 것이냐?"

고 물었다. "명천 사는 태 서방이 잡아온 줄 아옵니다."라고 신하가 고했다. "그럼 이제부터 이 물고기의 이름을 명태라 부르라."고 해 그때부터 명태란 이름으로 불린단다. 명천이란 함경북도의 바닷가에 있는 지명이다. 명태는 이름이 참 많다. 우선 북쪽 찬물에서 산다고 하여 북어北魚라 불렀다. 황태는 북어 중 최고의 상품이다. 볕 좋고 바람 좋으며 한겨울의 추위에서 얼었다 녹았다를 반복하며 누우런 색깔로 말랐을 때 비로서 황태라는 이름을 가지게 된다. 잘못 말려진 명태는 먹태, 낭태 등의 이름을 가지기도 한다. 얼리지 않은 것은 생태, 언 것은 동태, 어린 명태는 노가리, 말린 명태는 북어, 반건조 명태는 토다리, 노랗게 잘 말린 것은 황태, 그물로 잡은 것은 망태, 낚시로 잡은 것은 낚태, 하얗게 빛이 바란 것은 백태, 크기가 작은 것은 왜태, 알이 가득 찬 것은 난태 등이 그것이다. 게다가 명태는 창자를 소금에 절여서 창란젓으로 만들고, 알만 소금에 절인 것을 명란젓이라 하며, 명태의 머리만을 고아 국숫국물로 쓰기도 했고, 명태의 껍질을 튀겨 만드는 명태껍질볶음은 술안주나 주전부리에 좋은 음식으로 명태는 버릴 게 없는 생선이었다. 고로 명태는 우리 인간에게 아낌없이 주는 나무다. 그런 명태가 우리 동해 바다에서 오징어와 함께 자취를 감추었다. 가난한 북한이 중국 사람들에게 조업권을 팔아 중국어선들이 깡그리 그물로 새끼까지 모두 잡아가기 때문이라고 한다. 내년에 심을 씨앗까지 먹어버리는 형국이다. 우리는 명태와 떼려야 뗄 수 없는 사이가 되었다. 고사를 지내건 제사를 지내건 명태포는 빠지지 않는다. 우리 민족의 허기진 배를 채워주고, 신앙을 이끌어주며 저토록 거룩하게 살다 가는 명태에게 감사한다.

2. 노래를 통한 인생 관조

새벽 동공이 입술에 붉게 스며들면 매화 꽃살문이 툇마루에 휘청거리다가
아무도 기억할 수 없는 강물 저편으로 조용히 가라앉는다

처마 끝 내림새 바닥에 깨어 흩어지고 금간 기왓장 사이로 망초대 하늘거리면
곳곳에 일렁이던 지난한 시간을 애써 지우려 잡히지 않는 메아리를 찾아나선다

마음의 진한 칼날을 갈아 하나를 이루려 마른 뼈를 깎아 세월의 등을 업은 사내는
두고 갈 것도 가지고 갈 것도 없는 세속을 모래에 박은 발목처럼 강물에 흘려보낸다

어둠 속에서 한 서린 슬픔을 가슴에 품고 물기 젖은 몸을 마른 가슴에 묻은 여인은
밤 새워 걸어온 버선발을 지탱하기 버거워 그림자 흔적을 베어 물고 몸부림친다

스물세 줄 슬픈 공후 음조 따라 애잔한 목소리가 들려온다
시간이 놓고 간 기억 사이로
그 강을 건너지 마오 내 님이여

고스란히 살아온 힘겨운 생을 그예 건너간다

-「공무도하가公無渡河歌」 전문

공무도하가公無渡河歌는 고대가요古代歌謠다. 단순히 시에 준하는 것이 아니라 입에서 입으로 불려지던 노래로 작자를 알 수 없는 고전시가古傳詩歌다. "공무도하公無渡河, 공경도하公竟渡河, 수하이사墮河而死, 장내공하將奈公何"로 기록된 이 노래는 "임이여, 물을 건너지 마오/ 임이 결국 물을 건너시네 / 물에 빠져 죽었으니 / 장차 이를 어찌할고"라는 슬픈 곡조의 노래로 이 노래는 최표의 『고금주古今注』에 기록된 「공후인箜篌引」이란 배경설화가 뒷받침한다. 공후인은 조선朝鮮의 진졸津卒 곽리자고霍里子高의 아내 여옥麗玉이 지은 것이다. 자고子高가 새벽에 일어나 배를 저어 가는데, 머리가 흰 미친 사람이 머리를 풀어 헤치고 호리병을 들고 어지러이 물을 건너고 있었다. 그의 아내가 뒤쫓아 외치며 막았으나, 다다르기도 전에 그 사람은 결국 물에 빠져 죽었다. 이에 그의 아내는 공후箜篌를 타며 '공무도하公無渡河'의 노래를 지으니, 그 소리는 심히 구슬펐

다. 그의 아내는 노래가 끝나자 스스로 몸을 물에 던져 죽었다. 자고가 돌아와 아내 여옥麗玉에게 그 광경을 이야기하고 노래를 들려주니, 여옥이 슬퍼하며, 곧 공후로 그 소리를 본받아 타니, 듣는 자가 눈물을 흘리지 않는 이가 없었다. 여옥은 그 소리를 이웃 여사 여용麗容에게 전하니 일컬어 공후인이라 했다.(자료출처 : 한국민족문화대백과사전) 이 시는 그 「공무도하가公無渡河歌」를 상상하며 재해석해 지은 시다. 고대시가 「공무도하가公無渡河歌」에는 망촛대 하늘거리는 여름이란 계절도 뼈를 깎아 세월을 등에 업은 사내도, 밤새워 버선발로 걸어온 여인도 등장하지 않는다. 오직 강을 건너다 빠져 죽은 남자를 바라보며 안타까워하는 여인이 보일 뿐인데, 이형근 시인의 이 시에서는 "매화 꽃살문이 툇마루에 휘청거리"고 "처마 끝 내림새 바닥에 깨어 흩어지고 금간 기왓장 사이로 망촛대 하늘거리"면서 삶을 놓는 한 남자의 주변에 기생하는 슬픔을 노래하고 있다. 물에 빠져 죽으려는 남자의 주변 상황의 척박함과 죽으려는 그 남자를 따라 온몸으로 달려온 버선발 여인의 처절함을 그리고 있어 가슴 찡하다.

지난겨울에 죽을 거라고 말했던 친구로부터
뜬금없이 연락이 왔다
임영웅을 좋아하냐고 했다

임영웅 콘서트를 보고 싶다고
콘서트는 처음이라 같이 가 줄 수 있냐고 물었다
임영웅을 너무 좋아하는데
티켓을 구할 수 없어 마음만 있었다고

콘서트 첫날 이른 시간에 만나
단풍이 곱게 물든 올림픽 공원을 걸었다

(중략)

콘서트가 시작되면서 임영웅이 있는 이곳이
천국이 아닐까
천국이 있다면 이런 곳이라면 좋을 텐데

천사의
얼굴이라도 볼 수 있으니
혹 손이라도 잡을 수 있으니

다음 달 콘서트에도
내년 내후년 콘서트에도

비가 오든 눈이 오든 바람이 불든
임영웅 콘서트를 예매해야지 또 와야지

낙타가 바늘귀에 들어가는 것만큼 어렵다해도
우리 영웅이가 곁에 있으면
우리 영웅이를 볼 수 있으면

여기가 천국이라고 친구는 말했다

나도 여기가 천국이었음 싶다

-「천국 콘서트」 전문

이형근 시인은 이 시를 이 시집의 제목으로 삼으려 했다. 이 시는 죽음을 눈앞에 둔 이형근 시인의 이야기가 아니라, 그 친구의 이야기다. 그렇지만 나는 시집 제목이 『천국 콘서트』라면 이형근 시인이 이승의 명을 다해 하늘의 부름을 받아 하늘나라로 떠나고 나면, 이승에 남아 있는 그의 아내와 자녀, 친구들에게 너무 슬픈 제목이 될 것 같아 안 된다고 했다. 그리고 희망적인 제목의 『연어, 꿈을 연주하다』란 제목을 추천했다. 물론 이 시가 그의 이야기는 아니나, 오이밭 앞에서 신발 끈을 매지 말고 오얏나무 아래서 갓끈을 고쳐매지 말라 했다고 이 시는 어쩐지 이형근 시인의 마음과 같아 보여 그렇게 이 시집의 제목을 정하면 가족들이나 이웃들, 그를 아는 지인들은 두고두고 읽기 싫을 것 같다. 그래서 난 희망적인 제목의 『연어, 꿈을 연주하다』란 제목을 추천한 것이다. 죽음을 앞둔 그 친구는 임영웅의 콘서트를 보러 가고 싶다고 했고, 콘서트를 보고 난 후 임영웅이 살고 있는 이곳, 여기가 천국이라 말했다. 그리고 그는 이 세상을 떠났을 것 같다. 그리고 지금 이형근 시인이 새로운 나라를 향한 이륙을 준비하고 있다. 눈물이 앞을 가려 며칠이나 시집 해설을 멈추었다가 다시 쓴다. 그러나 이형근 시인은 그 친구와 또 다르다. 이토록 멋진 시집을 출간해서 우리들 가슴 속에 영원히 살게 되지 않은가? 그런 점에서 이 시집이야말로 천국 콘서트다. 나는 이형근 시인이 보내온 시편 모두를 이 시집에 실었다. "너무 분량이 많으면 교수님이 알아서 빼주세요."란 부탁이 있었지만, 한 편 한 편이 모두 소중하다. 빼어난 작품과 부족한 작품을 가르는 척도는 무엇인가? 따스한 마음, 정의로운 마음, 함께 하는 마음이 들어있다면 모두 좋은 시가 아닌가? 그게 좋은 시를 구분하는 나의 척도다.

3. 절망과 희망 사이

저 달처럼
아무 말 없는 채로 조용히 따라간다 한들
보이지 않던 것이 보일 리 없잖아

저 별처럼
입술을 꾹 다문 채로 반짝 빛을 비춘다 한들
모든 것이 드러날 수는 없잖아

너로 가득했었던 풍경이
어느 구석에서 어느 방향으로
내몰릴지 아무도 모르는 거잖아

슬픈 예감은 언제나 맞아
슬픈 꿈속을 거닐던 그 속에서는 말이야

어차피 눈에 보이지 않으니 모두가 넘어가잖아
어차피 말에 신뢰가 없으니 모두가 무덤하잖아

모든 걸 알고 있었음에도
모른 척 침묵한 시간들로
허세가 물어다 준 기대는 이제 보이지 않고
희망을 꿈꾸었던 기억은 이제 무너져 버렸다

(중략)

멀리 넘어온 아린 시선 하나가 외길로 치닫고 있다

낙엽더미 바스러져 가는 계절이 되려나

불어오는 이 바람이
흘러가는 저 구름이
시린 시간을 조금씩 절여 가고 있다

-「부조리극」 전문

언젠가 신촌의 한 공연장에서 〈고도를 기다리며〉라는 연극을 본 적이 있다. 〈고도를 기다리며〉는 '고도'라는 사람을 기다리는 두 부랑자의 이야기인데, 특별한 이야기나 사건 없이 "고도가 온다고 했지". "고도가 언제 오지?", "고도는 오고 있는 거야?", "고도가 오나 나가 봐." 같은 대사로 일관한다. 나는 지금껏 수많은 연극을 봐왔지만, 부조리극不條理劇을 본 것은 그때가 처음이었다. 부조리극은 전개나 위기, 클라이맥스나 결말 없이 어떤 상황만을 집중적으로 묘사한다. 부조리극의 작가나 연출가, 등장인물들은 하나같이 인간의 추구하는 목적과 물질은 헛된 것이라는 비관적 시각에서 비롯된다. 그래서 언어의 어순이나 표현방식이 뒤죽박죽하기도 하고, 진부한 언어로 일관하기도 하며, 상투적인 말로 치부하기도 해 말장난처럼 보인다. 이를테면 두 등장인물이 끊임없이 '고도'를 찾는 형국이다. 이 부조리극에서 '고도'는 사람이 아니라 우리가 찾으려고 하는 이상국가, 이데아 같은 것인지 모른다. 연극의 언어방식뿐만 아니라 공연장, 객석, 음악, 배경, 무대장치 등이 언제든 바뀌거나 제한될 수 있는 부조리극은 어쩌면 부조리한 사회를 고발하는데, 최선의 방법이었을 것 같다. 이형근 시인이 느끼는 사회는 부조리하다. "왜 나만 먼저 가야 하나"란 명제를 가지고 사회를 바라보면 더욱 그러할 것 같다. 우리는 질서라는 이름으로 인간의 사랑과 도덕을 강조하고 있지만, 그조차도 부조리의 일부분이라 느껴지고, 이형근 시인이 느끼는 수명, 삶의 질 등이 모두 다른 인간의 삶은 특히 부조리극의 일부분이라 해석된다. "멀리 넘어온 아린 시선 하나가 외길로 치닫고 있다"란 부분에서 나는 지극히 부조리함을 느낀다. 홀로 가야 하는 이 부조리한 상황에 이형근 시인의 마음은 어떠할까? 포기하고 싶지만 포기되지 않는 삶의 끈, 그래서 헛웃음만 나오는 상황에 맞닥뜨린 이형근 시인은 지금 부조리극 〈고도를 기다리며〉에서 찾는 '고도', 즉 '생명'을 찾는 부조리극의 주인공이라는 생각에 더욱 가슴이 아리다.

새로운 세상을 향한 은백색 스몰트에 어린 연어는 아파하지 않았다
출렁거리는 물살에 옹송그리듯 앉아
바다를 삼키며 떠나가야 할 두려움을 삭히며
기도제목을 빈 파도에 적어 보낸다
처얼썩, 나를 고치소서. 내가 변하나이다

모천회귀를 기원하는 슬픈 구도자는
서슬 푸른 바닷길을 마다하지 않고
꽃인 듯 피어나는 절대 사랑을 담아 남대천으로 올리온다

(중략)

태어나서 처음 하얗게 내려앉은 보름달을 불러본다
어미가 뿌려놓은 머나먼 궤적을 따라 여정의 단서를 찾아가는 어린 연어는
그러면 저 넓은 자유와 한몸되어 거센 풍랑도 두렵지 않으리
대담하고 힘찬 연주가 물결처럼 밀려오는 영웅교향곡 제1악장 알레그로 콘 브리오

살아낸다는 것은 죽음보다도 무거운 그리움이다
눈부신 오후 반짝이는 잔물결이 차마 떠나지 못하고 죽어가는 그림자들을

떼살이로 지친 어깨를 포근히 감싸 안을 때
선분홍의 부드러운 씹힘은 또 다른 오케스트라다

-「연어, 꿈을 연주하다」 전문

이형근 시인의 시적 사고는 실로 그윽하고 광폭적이다. 그는 음악, 역사, 문학 등의 다양한 분야에서 습득한 해박한 지식을 바탕으로 사물, 시제에 가장 가깝고 진실한 마음을 견지해 시를 써나가고 있다. 그는 퇴고의 퇴고를 거듭한다. 그가 채택한 시어들은 하루 이틀 매만진 시어가 아니다. 읽고 또 읽고 보고 또 봐서 채택한 시어다. 이 시 「연어, 꿈을 연주하다」 역시 그러한 관점에서 쓰여졌다. 모천을 떠나가는 치어, 연어는 "기도제목을 빈 파도에 적어 보낸다 / 처얼썩, 나를 고치소서. 내가 변하나이다"라고. 그것은 이형근 시인 자신에게 하는 기도다. 그리고 캄차카반도, 오츠크해를 떠돌며 세상의 큰물에서 "서슬 푸른 바닷길을 마다하지 않고" 놀던 연어는 "꽃인 듯 피어나는 절대 사랑을 담아 남대천으로 올라온다". 여기서 이형근 시인이 말하는 '절대 사랑'이란 무엇일까? 연어가 모천으로 돌아와 산란하고, 그 산란한 연어알이 부화하여 마침내 어미의 몸을 뜯어먹고 성장하는 것을 말하는 것이다. 산란의 고통뿐만 아니라 죽음으로써 가문의 영광을 소망하는 연어, 나는 지금 이형근 시인은 모천을 회귀한 연어라 생각한다. 아이들을 낳아 기르고 가르

치며, 생살을 찢는 고통으로 써온 시집을 가문의 영광으로 이룩하려는 이형근 시인은 지금 숭고한 연어의 몸짓으로 산란 중이다. 그는 "살아낸다는 것은 죽음보다도 무거운 그리움이다"으로 이 세상을 살아왔다. 그리고 마침내 그의 꿈을 연주하고 있다. 이 시집이 국립중앙도서관, 국회도서관, 대한출판협회에 납본되는 이상 이제 이형근 시인은 시인으로 영원히 살아있을 것이다.

이상에서처럼 이형근 시인의 시 몇 수를 읽어보면서 그의 마음세계를 여행해보았다. 나는 이형근 시인의 시를 대략 세 가지 관점에서 바라보았는데, "1. 치열한 삶의 관찰, 2. 노래를 통한 삶의 관조, 3. 절망과 희망 사이"가 그것이다. 이형근 시인은 사물(시제)을 바라볼 때 사물 자체뿐만 아니라 사물의 이면과 사물의 외적 요소까지도 관조하고 있었다. 그는 성실과 봉사로 이루어진 평판을 바탕으로 시를 쓰고 있었다. 이 시집은 모든 개체에는 특수성이 있고 아우라가 있음을 인정하고 그 차별성을 잡아 쓰는 시적 혜안을 갖춘 시가 주류를 이루고 있어 완성도가 출중하다는 평가를 드린다.

이처럼 시집을 출간하시며, 멋진 삶을 살아오신 이형근 시인께 응원의 박수를 보내드린다.

이형근 시집

연어, 꿈을 연주하다

초판발행일 2024년 5월 1일

지은이 : 이형근
펴낸곳 : 도서출판 문학공원
발행인 : 김순진
편집장 : 전하라
디자인 : 김초롱
등　록 : 2004년 3월 9일 제6-706호
주　소 : (우편번호 03382)서울 은평구 통일로 633
녹번오피스텔 501동 302호 스토리문학사
전　화 : 02-2234-1666
팩　스 : 02-2236-1666
홈페이지 : https://blog.naver.com/ksj5562
이메일 : 4615562@hanmail.net

※ 잘못된 책은 교환해 드립니다.
※ 책값은 뒤표지에 있습니다.